U0480133

（左起）本书作者张阿泉、张放、龚明德2009年4月11日于成都百花潭公园

（左起）本书作者龚明德、张阿泉、张放2005年6月于成都十陵古镇茶园

流沙河先生与后学合影：（左起）张阿泉、冉云飞、龚明德、流沙河、
张放、董宁文、贺宏亮

流沙河先生与四川大学师生合影

流沙河先生在大慈寺茶座

沉思中的流沙河先生

戴着内蒙古风格牛仔帽的流沙河先生

流沙河先生在读书

后学同忆流沙河

龚明德 张放 张阿泉 著

四川大学出版社

图书在版编目（CIP）数据

后学同忆流沙河 / 龚明德，张放，张阿泉著. 一成都：四川大学出版社，2023.4
ISBN 978-7-5690-6270-0

Ⅰ. ①后… Ⅱ. ①龚… ②张… ③张… Ⅲ. ①流沙河－生平事迹 Ⅳ. ①K825.6

中国国家版本馆 CIP 数据核字（2023）第 146428 号

书　　名：	后学同忆流沙河
	Houxue Tongyi Liushahe
著　　者：	龚明德　张　放　张阿泉
选题策划：	张伊伊
责任编辑：	张伊伊
责任校对：	罗永平
装帧设计：	周　婧
责任印制：	王　炜
出版发行：	四川大学出版社有限责任公司
	地址：成都市一环路南一段 24 号（610065）
	电话：（028）85408311（发行部）、85400276（总编室）
	电子邮箱：scupress@vip.163.com
	网址：https://press.scu.edu.cn
印前制作：	四川胜翔数码印务设计有限公司
印刷装订：	成都金阳印务有限责任公司
成品尺寸：	148 mm×210 mm
印　　张：	7.5
插　　页：	2
字　　数：	184 千字
版　　次：	2023 年 9 月 第 1 版
印　　次：	2023 年 9 月 第 1 次印刷
定　　价：	56.00 元

本社图书如有印装质量问题，请联系发行部调换

版权所有 ◆ 侵权必究

扫码获取数字资源

四川大学出版社
微信公众号

解开生死的绳结(代序)

老聃死,秦失吊之,三号而出。

弟子曰:"非夫子之友邪?"

曰:"然。"

"然则吊焉若此,可乎?"

曰:"然。始也吾以为至人也,而今非也。向吾入而吊焉,有老者哭之,如哭其子;少者哭之,如哭其母。彼其所以会之,必有不蕲言而言,不蕲哭而哭者。是遁天倍情,忘其所受,古者谓之遁天之刑。适来,夫子时也;适去,夫子顺也。安时而处顺,哀乐不能入也,古者谓是帝之悬解。"

指穷于为薪,火传也,不知其尽也。[1]

流沙河先生曾这样用现代汉语翻译上述文字:

老聃,亦即老子,后人尊称李老君的,是大圣人。

---

[1] 陈鼓应:《庄子今注今译》,中华书局,1983年版,第102~103页。

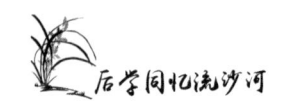

死时，他的众多学生严守导师遗教，不吊唁，不号哭，只行观化之礼。秦国来的一位隐士，姓名不详，自称秦佚，也是本教派的道友，公然违背遗教，沿用世俗礼仪，既吊且号，还号三遍，也不立正观化，掉头便走，太出格了。

学生们追上去责问秦佚："难道不是我们老师的道友吗？"

秦佚说："是道友。"

学生们问："那么这样吊丧，行吗？"

秦佚说："行。我先以为那些吊客都是本教派的，所以陪同他们哭吊，从众罢了。现在我才明白错了。刚才我哭吊时，看见有老大爷哭丧如哭自己的儿，有小伙子哭丧如哭自己的妈。他们聚会在遗体旁，一定有不必吊唁而吊唁的，不必号哭而号哭的。这些人的违反自然，滥用情感，忘了本分，古人称之为违反自然的活找罪受。你们老师，他来，是服从时代的需要；他去，是顺从自然的规律。对时代，对自然心安理得的人，对生命的欢乐，对死亡的悲哀，不会悬挂心头。生死不再悬挂心头，绳结就解开了，古人称之为自然的悬解。"

燧人氏的第一盏灯，
灯油早被灯芯燃尽。
可是灯火传遍九州，
灯光夜夜照明，

从荒古，

照到今。①

流沙河书法－摸着石头过河

---

① 流沙河：《庄子现代版》，现代出版社，2013年版，第49～50页。

目　录

第一编　就教集 / 1

　　二十世纪八十、九十年代的流沙河先生印象　/ 3

　　流沙河先生的藏书　/ 12

　　流沙河与高校教授　/ 27

　　语言文字学家流沙河　/ 36

　　流沙河与覃子豪　/ 41

　　流沙河与罗门的诗　/ 51

　　唁　函　/ 56

第二编　初读钞 / 59

　　流沙河的字学蒙本　/ 61

　　流沙河题写"弘毅"　/ 70

　　流沙河的笔名　/ 77

　　西戎慧眼识河　/ 82

　　《梅花恋》考实　/ 93

　　流沙河写《老人与海》　/100

　　文过《流沙河访问记》　/105

　　流沙河讲稿《旧诗与国画》　/112

流沙河的蟋蟀们 /120

洛夫的"讶异" /126

流沙河与巴金 /134

流沙河写《云淡天高》 /143

流沙河与王禹偁《清明》 /146

流沙河讲《诗经·召南·小星》 /152

流沙河题"戴望舒诗句" /158

第三编　清影录 /163

流沙河在漠北 /165

流沙河内蒙古草原八日行记 /170

人字俱瘦，人字亦俱老——流沙河书法美学管窥 /207

流沙河养生修身之法 /219

后　记 /227

第一编　就教集

流沙河先生晚年与张放（张叹凤）合影

二十世纪八十、九十年代的流沙河先生印象

流沙河先生是我的恩师，虽然从没沿袭传统拜过门，举行过什么仪式，但近四十年来，先生对我的教导、提携、帮助乃至斧正，称师道徒都不为过。我每诵及《论语》："颜渊喟然叹曰：'仰之弥高，钻之弥坚。瞻之在前，忽焉在后。夫子循循然善诱人，博我以文，约我以礼，欲罢不能。'"都会想到先生对我的恩惠。先生是于二○一九年十一月二十三日辞世的，头年的春天我们一行人（余妻、龚明德教授夫妇等）还在新都区清流乡梨花村相聚，有一长日的漫谈，并多有摄影留念，这也成了自己今生可以告慰的弥足珍贵的回忆与纪念。其时先生声带已经沙哑接近喑哑，腰背也如弯弓射月，不再挺直，但他壮年时代翩翩风度、有如玉树临风的明朗印象，仍不时浮现在我眼前——

大约是一九七九年冬天，我们四川大学一九七七级的同学（其中主要是锦江文学社团诗歌爱好者），一同应邀去成都红星路《星星》诗刊编辑部参加座谈会，这次会议的吸引力即在于与会的有刚刚获得平反、回归《星星》诗刊工作的流沙河。而不久前我们当代文学课程的老师还在按讲义批判流沙河的"大毒草"

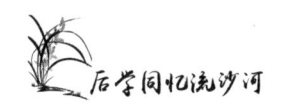

《草木篇》，甚至列入期末考试题。一九五七年的那场风波，人尽皆知，所以流沙河的大名当时还是"如雷贯耳"的，甚至颇有戏剧性。加之先生复出即进入创作喷发期，在国家级刊物连续发表诗作，颇引人瞩目。当年与会一行记得有同学周裕锴、徐慧、杨雪萍等。会议是在布后街二号《星星》诗刊一个古色古香的会议室举行，白航、陈犀等先生在座并主持会议，讨论的主题似乎是青春诗会之类。年轻尚比较俏皮的同学当场表明了我们是有来看热闹的意思，一座闻之不免莞尔，坐在对面沙发边上的流沙河先生听了，清癯还有些苍白的面庞随即浮出一抹苦笑，他打趣说："看熊猫儿，要收门票的。"他说话声音低，并不怎么抬眼看人，而是双手夹于双膝间，伏首状，会间少有言语，如非提问绝不作答。他似乎已养成习惯，还有些"自惭形秽"。中场休息，我去后花园，与他对面相逢，他甚至主动让于小径边上，似乎我这个大学生是个大人物，比他年长，我当然对此过意不去，颔首称呼他老师，还问了个什么不要紧的问题，他如何作答我已记不得了，但有过会心一笑。总之首次见面的印象是十分拘谨的。算来那时先生不过四十八岁，但与我们一批风华正茂的大学生相比，他可能感觉自己年纪已然老大，谨言慎语之外，似乎也十分珍惜时间，座谈会一告结束，他立刻离开，未作逗留。

  这就到了八十年代伊始，我凭自己对流沙河诗歌的阅读感受，选择以研究他生平作品为毕业论文开题，这得到导师——著名诗歌评论家尹在勤老师的认可与支持，某次诗歌研讨会后，尹师归来对我高兴地说："沙河表示大力支持。"尹师与流沙河是同时代人，相差不过七岁，都在诗歌圈子，虽然人生遭际与道路风格曾有所不同，但时值改革开放大环境，求同存异，文学热情高涨，众星会聚，彼此特别团结友好。后来接触我才知道，流沙河先生对我特别好，还因为有他曾入读四川大学（农化系，仅一学期后退学于报社参加工作）这一层校友关系，另外更重要的是，他与我系张默生、林如稷先生等前辈是患难之交，例如默生先生为他《草木篇》辩解，被戴上"帽子"，林如稷先生也在当时会上为他说话，并和名家李劼人合致沙汀（时在四川文联任职）表达不要对年轻人犯错矫枉过正。所以我能得到流沙河先生数十年的不弃，有投缘的因素，也有所在学校人脉这一层关系（尹在勤师即张默生、林如稷先生高足），应该是叨承了前贤的德泽。

20 世纪八十年代《星星》诗刊同事合影（右一为流沙河）

总之我就去拜访流沙河先生了，其时先生已如杜诗所咏"一洗万古凡马空"的样子，初见时那种生涩、拘谨甚至于自卑已经

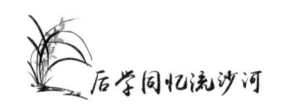

洗去，出现在面前的形象是清新和乐、亲切坦率的，说话幽默，举手投足都不无心情快乐的"风流倜傥"，当时是他诗歌创作的高峰期，据我论文当年列举，几乎每天都有诗作问世，《梅花恋》《一个知识分子赞美你》《直路颂》《孤立颂》《太阳》《老人与海》《妻颂》《故园六咏》等等，像"喀秋莎"火炮一样密集发射，产生轰动效应。记得他当时在《星星》诗刊小院进去右厢临窗工作，两人间的办公桌对面就是他的夫人何洁女士，专门负责收发编辑部诗歌来稿登记类工作，很方便照顾丈夫。我就曾看见何洁研墨，流沙河书写的场景。有一位银鬓老太出现在窗外，先生看见即起立称呼"妈妈"，这是他岳母。何洁有时当着外人也亲切称呼丈夫"老九"，这不是绰号，而是流沙河在族辈中的排行。

我往返借阅资料和讨教，有一次，流沙河很是慎重地从抽屉里取出一封来信，似乎已将其装裱，珍惜地向我展示，经考虑后同意我的要求借回去"研究"，记得那是北方（似唐山）一所小学或初中的学生以集体名义写给"流沙河爷爷"的一封信，对其《理想》备致赞美，这首诗作也长期入选全国语文通行教材。我的毕业论文长达数万字，后在《文学评论》丛刊第20辑刊出，足足占据23个页码，文中对来信曾有引用，但刊出时似被删削。一晃四十年过去，流沙河先生白皙纤瘦而暴露着青筋的双手非常郑重地向我展示那封信件的样子，还清晰在目。他不期"大人欢心"，即使是一群小学生，人生得逢一知己，那种由衷的欢欣令人感动。另一次我去拜访他，他恰要到北京去参加全国文代会，穿得西装革履，行走在四合庭院显得十分轻盈洒脱。那次会议回来他讲述与"青年诗人"舒婷等人就诗歌要不要朦胧进行了通宵辩论。他的观点是赞成含蓄，但不刻意朦胧晦涩。"你必须心中有，笔下才有，让读者能领会"，他念叨着，像是争论余波未平。

　　我写毕业论文获得流沙河先生与夫人何洁的大力支持，且幸运地通过投稿被《文学评论》采用。于今回看，不无遗憾，但就这些轻微的成绩，也是前辈给予的影响鼓舞支持所致。我第一部书《文苑星辰文苑风——现代文人漫考》即由流沙河作序，先生还逐字逐句对书稿进行订正，四川文艺出版社责任编辑龚明德是见证者，他也因此与流沙河老师结识并成为莫逆之交。改稿是个苦活，没一文报酬，流沙河当时已名满天下，对于一个青年学人，帮助不遗余力，我何德何能，唯言传身教，平生没耽误与傲慢对待过自己的学生弟子，以此报先生厚爱尔尔。先生后迷《庄子》，对"日月出矣而爝火不息，其于光也不亦难乎？"深有理解，但并不因之消极无为。自始至终，他对同好、后学的提携与扶持，像是烛火传递。九十年代，我成为流沙河家中常客，连他儿子鲲鲲也能通过敲门声听得出是"张叔叔"。先生先后两任夫人，对我都不排斥与轻视，前者如同大姊，俨然老友；后者亦颇礼遇，文心相通。九十年代后期陕西有一次研讨会，我应众文友之邀贸然去向先生讨字，沙河师听闻不嫌叨扰莽撞，一口承应，连书四个条幅给我，当我取件日羞涩地从怀里掏出两千元来时，他一把摁住我说："这个是不要钱的，如果要收，你这点远远不够的。"他这个动作在我当年写论文将家乡一点儿土特产带到编辑部时，也遇到过一次，他摁住我手拒绝我送礼的同时还对壁板另一面努嘴悄声道"谨防别个听到"。他的隔壁其时是《当

代文坛》编辑部办公室,他这一搞我都不好意思,真像是行贿一样,其实只是一点敬师的心意,但在先生看来,凡物质即为"束脩",未能免俗。后期先生的书法是很有市场价值的,据说他曾有伏地丈量以平尺卖字的认真劲儿。但是要看人,对于我这样的穷学生、穷文人,他是推心置腹、不计得失的。我现在所存他的书法作品,基本上都是他主动送给我的,有一件经龚明德兄替我要的,我亦未付分文。这就是我跟先生的交情。先生交予书法四件,还手书装裱师傅地址电话等,用心之细,不啻圣贤,虽一纸便条,也是一件书法小品。近年我主编《华文文学评论》辑刊,拜托龚明德代请先生题写刊头,先生亦应邀书写,特别多写几幅,以供选择。几十年来,这样的例子还很多很多。

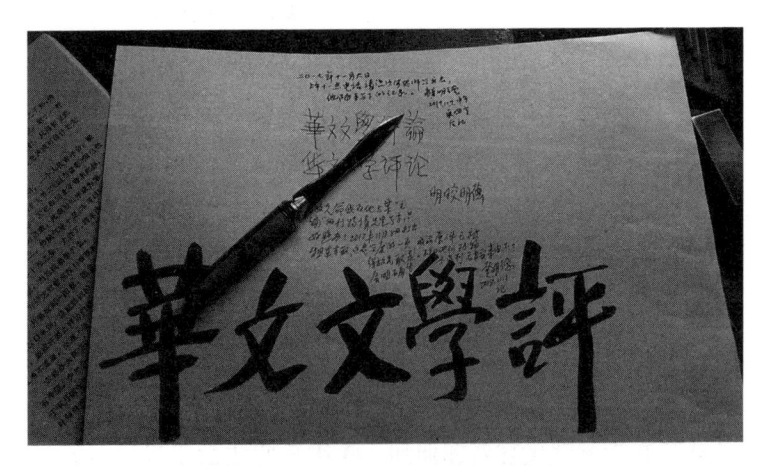

流沙河为《华文文学评论》题写书名

我也曾让先生有所不乐,有过误会,说来也是我的教训,我在某报撰文评论先生作品,述其身世,据书不够严谨,有一处未加核对而出错，据说先生看见怫然不悦。但是这只是一抹轻烟，我也未曾向他当面道过歉，他似乎也释怀，从未在我面前提及。仍旧每见面必畅谈，无拘无束。对台湾诗人罗门二战题材的诗作，他甚至感动得热泪盈眶，指着老照片为我们详加讲解。有一年省作协团拜开"坝坝会"，先生看见我，主动移座至我旁边竹椅，与我谈论《红楼梦》，旁边有个省文化厅官员经过招呼他，他置若罔闻，我忙加提示，他也不过若有若无地点点头，当时弄得那个官员有些尴尬。后期流沙河就是这个样子，经历了人生几个阶段：天真放言—忍辱慎言—文艺复兴—随心所欲、物我两忘。直到过世，他对学术学问一直充满兴趣，严格说他是一个做学问的人，只因当年时代需要，走上了创作的道路。我们每每请他回母校来讲学或参加研究生毕业论文答辩，他从没有拒绝过，总是有求必应、平易近人，甚至是有些享受和陶醉于青年们交流的学术氛围。晚年先生致力文字学，如鱼得水，自有精彩见地。他把祖国三千多年的象形文字当作诗歌来研究，热爱溢于言表。说流沙河先生是一位爱国主义者，实至名归。流沙河享年 88 岁，我代表学院刊物写去的长篇唁文，追述生平，扬其功德，成为祭场唯一带"官方"色彩的"公文"，但限于篇幅，其实并不全面。

　　追述往事，不胜记录。流沙河先生于我，恩重如山。他的率真，他的浪漫，他的诗情画意，以及疾恶如仇，鼓励着一批后学、读者"发育"成长、成熟，在传承中华优秀传统文化的同时，民主、自由的现代开明作风，中西结合的前沿作风影响尤在，身后仍不见逊色。兴许这就叫"先生之风，山高水

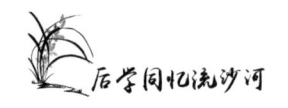

长"吧！

最后引用流沙河一首怀念他自己二十五岁在北京学习、生活时光的作品，以之纪念诗人、仁者、智者——

一个小姑娘被我唤过来，
相隔门缝，问我把谁找。
我说要找一个年轻人，
二十五岁，瘦瘦高高。
姓名吗？忘记了，
我只淡淡地一笑。

真想变窗前的那只猫，
能够在阳光下美美地睡觉，
梦见我当年的老师们，
鞠一个躬，问一声好。
这想法不能让小姑娘知道，
害怕她说："疯子来了！"

——《文学讲习所旧址》

距上次用钢笔抄录这首诗，屈指已过去四十一年。我也由一名大学生变成一名老者、退休教书匠，再次抄写，电脑打字，从字里行间仍可想见沙河师的俊朗风神与诗人气质，似乎今下午或明天，还能在红星路后街二号或大慈寺茶座遇见他。记得他每次看见我都要说："又瘦了，又老了一头。"在先生面前，我永远都是小学生，颜子"虽欲从之，末由也已！"正是我们的心声。

二〇二二年八月七日于四川大学望江校区南门太守居

（按：此文原载《随笔》2022年第6期，收入此书有所改订。）

流沙河先生与张放早年合影

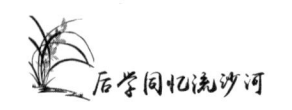

流沙河先生的藏书

流沙河先生一生爱书,他算不算得上是一位藏书家,则未必有公论。因为他历经坎坷流徙,聚散不由己,包括他的藏书,"用舍由时",也不曾听到他有多的对自己藏书数量的描绘。特别晚年,清仓出户,遣散书籍甚多,留得的一壁"精华"可能在以版本数量夸世的藏书家看来,也不算"富豪"。反正历年成都的藏书家评比目录中,从没见过他的影子。但先生与书籍是有深厚感情的,年轻时候他更像一个藏书家的样子。从其《锯齿啮痕录》一书中,见有以下描述,特别打动人——

我有英国的自行车 Raleigh 一辆,早已卖掉。家具不少,前几年挨饿时我卖得差不多了,所剩不过书橱、书架、灯柜各一,衣箱三口,盛书用的麻布口袋八九只而已。唯独书多,六百余册,多系五十年代中期以来,用微薄的稿费,从旧书摊和古籍书店辛辛苦苦搜罗来的,寄存在公家的藏书室内。清理这些书的时候,每一本都引起我的一段记忆和一缕感伤。书们虽曰智慧,实则同我一样愚蠢,不知大难之将至,还在那里神气地微笑着，逗我去读它们。我用扁挑和绳子将它们一挑又一挑，总共六挑，请到客房内来暂时安顿，堆成金字塔，然后分类集中，盛入麻布大口袋，忙得头上冒汗。

邻居熊嫂（农场场长卢德银之妻）走来一看，吃惊地说："天哟！这么多书，要值多少钱哟！"我抬头一笑说："当初确实花了我不少钱。"她说："我的老家在乡下，从前也有许多书。我父亲是中医，一辈子辛辛苦苦买了许多书。他一死，家里人不识字，都贱卖了，好可惜哟！书这东西，用之为贵，不用为贱。"说完便走开了。

从前我只知道苏轼说的"用舍由时，行藏在我"，现在又听见同这话对立的至理名言出自文盲妇人之口，我的灵魂遂被狠狠触及，终身难忘。"用之为贵，不用为贱"的东西多得很，岂止书吗？熊嫂如果追缀一句"和人一样"，这句至理名言就更加圆满了。①

虽然言书，其实论世。如果照当初那样发展下去，流沙河一定会成为一位藏书大家，可惜生活不安稳，动荡的生活和体力劳动的职业驱散了他藏书的美梦。上海书人、著名作家黄裳先生，曾经以李后主"最是仓皇辞庙日，教坊犹奏别离歌，垂泪对宫娥"一阕形容自己被迫与藏书分别的感情，移置流沙

---

① 流沙河：《锯齿啮痕录》，生活·读书·新知三联书店，1988年版，第109~110页。

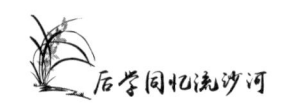

河，一样吻合。虽然两位的藏书的数量是有悬殊的。黄老在《银鱼集》中对载满几汽车藏书的散失有充分的描写。记得二十世纪八十年代末我去上海淮海路拜访老人，他还提到成都的书市。流沙河自己说到，他也曾是书市与古籍书店的常客。拙著《文苑星辰文苑风》书稿，流沙河为我写序，并主动厘正书稿全文，对我访黄裳先生内容，知之甚详，亦对我有"性近白鱼"的说法。流沙河在《白鱼解字》自序中说："白鱼又名蠹鱼，蛀书虫也。劳我一生，博得书虫之名。"这与黄裳的"银鱼"一说一致。虽然都是自谦，但对书的爱惜与感情，却是殊无二致、息息相通的。

流沙河新诗力作《故园九咏》（初为六咏）其中有咏"焚书"一题，脍炙人口："夹鼻眼镜山羊胡，/你在笑，我在哭。/灰飞烟灭光明尽，/永别了，/契诃夫！"这是回到原籍后再次与藏书挥别的情景。其实契诃夫照片何曾在笑呢，只是诗人眼里，自己境况堪哀，看别人都像是在"笑"，自己只好暗暗"垂泪"了。他还有《夜读》一诗，表患难中爱书、乐书、以书慰藉的情状，言浅意深——

一天风雪雪断路，
晚来关门读禁书。
脚踏烘笼手搓手，
一句一笑吟，
一句一欢呼。

刚刚读到最佳处，
可惜瓶灯油又枯。
鸡声四起难入睡，
墙缝月窥我，
弯弯一把梳。

"故园咏"这些记在他腹中后来凭记忆写出的作品都是他"改正"复出后没能超越的杰作，严辰等名家曾经高度评价为"不朽的""传世之作"，包括收入全国中学语文教材的代表作《理想》，还有后来比较知名的《就是那一只蟋蟀》，其实都达不到当年那种生命相托、相濡以沫的真切的艺术境界，如王国维《人间词话》谈及李后主词时引尼采的话"一切文字，余爱以血书者"，实为上乘之作。

流沙河先生与书籍感情深厚并一生相托、相知、相与悲欢的故事，知者多，述及的作者也多。特别是先后两位夫人的回忆录，细大不捐，淋漓尽致地绘出了他作为"书人"的今昔乃至"山河岁月"。以下我就三个小题，分别叙述流沙河的藏书，谈不上什么研究，只能算印象与随感。

一、流沙河的藏书

流沙河先生一生究竟有多少藏书，这始终是个谜。"文化大革命"之初他离蓉时，据其自述是"六百余册"，后来呢？我一九八〇年撰写有关他诗歌评论的论文，多次"深入堂奥"，到他

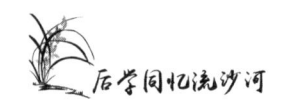

编辑部办公室去。在他座椅背后一旁，仅见有一只简易的竹制书架，其间不过数十本书，且以杂志为多。我几次问询，表现出想到他家去看看他藏书的意思，那时他刚从金堂调回《星星》编辑部不久，对我的要求他都婉言谢绝，说藏书都在"老家屋头"，还未及搬过来。事实上他在布后街二号院，也就一间小屋，仅十几二十平方，门口走廊边烧蜂窝煤煮饭，我往屋里望过，光线暗，不见有什么藏书。而且有一双小儿女与时来照顾的岳母，"济济一堂"，如何有书的方寸。何洁大姐待我善，碰见时就客气地说"进来坐"，但那是成都人惯有的客气话，就像"吃饭""慢走"一样，不可当真。我人渐熟，又"少不更事"，本来受导师指派在写作研究流沙河的论文，好像就有资格向他开口，翻阅过他办公室书架上的书刊，也曾借阅过，其中有一册泰戈尔的诗集《吉檀迦利》，今天还想得起来，是因为照录过，繁体字版本，这个抄件近日找到，可作"硬证"。我是有借有还的，就像《随笔》近期所刊拙作中言及的，北方（应该是唐山）一封中学生来信，他十分珍惜，迟疑良久才从抽屉取出借给我，道："务必还我。"我听了连连点头，结果今天这个史料据说已经遗失。《吉檀迦利》也归还了他，我自己不久买到一册简体字版本，还欣喜地告诉过先生。另一个阶段的"深入堂奥"，就是九十年代伊始，常到他家拜访，其时他已居于作协宿舍三楼，四楼就是小说家周克芹，我往往是上下楼"互访"（二位都亦师亦友）。有一天晚上流沙河开玩笑，当时是谁（好像是林文询）说这宿舍有两个名人，流沙河即以手比作手枪状，说从楼下边一枪上去，我两个就都见不到了，举座闻之开颜。那时先生的家中为什么那么多客人（另外的常客如谭楷、杨然等），今天的青年有所不知，在没有网络的时代，流沙河老师的家往往就是文学青年、后学的"沙龙"。我在《随笔》写到，连他儿子鲲鲲一听敲门声都知道是谁了。那么那时流沙河的藏书有多少呢？仍然是一只书柜（增加玻璃变书橱了），夫人室里也有两只大书橱，书的数量还要多些。我也问过流沙河旧宅的书籍搬过来没有，他神秘一笑，未置可否。其实以后我才恍然，实际他哪有多少藏书，他的书，多在他腹中！古人所谓"腹笥充盈"，即他记忆力超群，过目不忘。加之"五七"以后，他曾经卧居劳作于文联图书馆。对此《锯齿啮痕录》有描述，记者也有记录，如：

当时我人还在文联，干些体力活，还帮忙看一个旧书库。那个书库里都是些"四旧"，我一看，都是先秦典籍，干脆把床也架到书库里了。从那时起就天天研究，《说文解字》啦，甲骨文、金文以及各种古文字。我一钻进去就着迷了，偶然发现了某个字的真相——前人的几十种解释都搞错了、我觉得我才是弄对了的时候，就高兴得不得了，虽然我还戴着个右派的帽子。我记得有个好心的同志在1963年跟我说：流沙河，你还钻什么甲骨文，连汉字马上都要废除了，改用拼音！你还是个右派，不要花精力到这里面去了。但我还是忍不

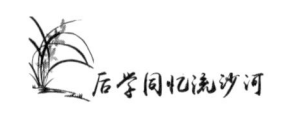

住，像毒瘾一样，每认识一个字就快活得不得了。①

流沙河的藏书不以量胜，他甚至说不上是一位藏书家，如前所述，这不是他不爱书，原因正如黄裳所形容的："最是仓皇辞庙日。"他实在不舍得烧的书和手稿即使转移到妻子乡下亲戚家，也没逃过劫难。

二十一世纪初，流沙河乔迁新居，藏书虽不多，但也累累沉重，他爱书，怕搬运工损坏，与夫人吴女士身体力行，小心呵护，如"蚂蚁搬家"，我在大慈寺附近路上曾经两次遇见他们左背右提，正在"运行"。关于搬书一节，有学者好像有专文描写。总而言之，流沙河中晚年藏书并不多，至多不过几千册吧，能留在他手中的，都是精品，是"幸存"，是他认为可以游翔的"精神家园"，但更多的好书，我想还是在老文联那座图书馆内，更在他心底、记忆中。

二、台湾现代诗歌的收集与编撰

一般认为流沙河是第一位将台湾现代派诗引介到大陆文坛的评论家，这个当然有争议。如同诗人自道：

其实在我编《十二家》前，人民文学出版社也出过

---

① 鸿鹄：《我这一生，不但偶然，根本就非常可悲》，南都周刊，2011年9月，转引自 http://www.163.com/dy/article/FP52UA450536O239.html。

一套两本《台湾诗选》。但这个书没有什么影响，因为它的选择标准还是政治挂帅，里头都是骂国民党的革命诗。我接触到台湾诗是通过我的朋友刘济昆，他是马来西亚华侨，"文革"时在内地也被关监狱，后来去了香港做编辑，帮我发表一些旧诗，骗一点稿费。后来他跟我说，你应该看看台湾人的诗，比大陆强多了。从此就开始源源不断给我寄，书啊，文摘啊，剪报。我和余光中最早的通信也是他帮我们转交的。①

其中讲到的《十二家》即其专著《台湾诗人十二家》（重庆出版社，1983年版），此前分篇分章连载于《星星》诗刊。这是流沙河摇身一变成为台湾现代派著名诗人点评专业户的伊始，随后还有《余光中一百首》《台湾中年诗人十二家》等，并散见各报纸杂志，甚至"出口转内销"，有的先刊载出版于我国台港地区，如黄维樑博士主编的丛书之一《余光中一百首》。大陆介绍台湾现代派诗较早的还有古继堂、古远清、李元洛等，鄙人也于八十年代末应邀有点评余光中诗两种出版。流沙河是这个领域的开路先锋则是无疑的。

这里有个有趣的故事。当年台港版本十分稀奇，有如"蓬山仙药"，流沙河拥有这些个"原始"版本，不免引动各方好奇，试图借阅者甚多，我也未能免俗，一天跑到他家，先"顾左右而

---

① 鸿鹄：《我这一生，不但偶然，根本就非常可悲》，南都周刊，2011年9月，转引自http://www.163.com/dy/article/FP52UA450536O239.html。

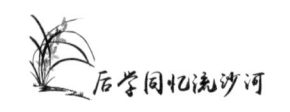

言他"说些废话,然后直奔主题,提出借阅。他用非常典型的成都人的笑容和口音对我讲:"都被他们借出去了!"似乎他自己也知道不会骗人,我也知道他的意思,我们不免相顾大笑。事实上那些宝贝就在他身后那个玻璃柜内,毛玻璃,从外边看不见的。我借不出,却有人能行,并最后全部拥有,这就是当时的青年诗人杨然。杨然兄与沙河师一度在《星星》同事,他比我更能"锲而不舍"。在我近年执行主编的《华文文学评论》第七辑中,杨兄撰有《谢流沙河赠书》一文,详述其事:

> 1997年11月,我在《青年作家》发表了两首诗,其中一首是《谢流沙河赠书》。
>
> 赠书的源头,来自流沙河先生的一封信——
>
> 杨然老弟:
>
> 断鸿多年,忽得来信,心头快活。迨及拜读《我的诗生活》后,又惊叹岁月之易逝,与君相识已十二年矣。我辈有幸,多逢剧变,遍尝百味。日后若有成就,皆是天赐也。
>
> 我尚存贮着台岛诗集与资料一柜,你若有兴趣钻研,请来拿去。太多,须多次提携方能拿完。愚兄我不诗久矣。玩不出新花样,吼不出新语言,便不想弄了。
>
> 问候培培安好。愿你全家多福,融融其乐。
>
> 　　　　　　　　　　流沙河九五年四月四日

（以上为流沙河书信全文）①

看！我梦寐以求没有得到的东西，沙河老师后来竟全赠予杨然。说来这里有深一层原因，除了他们曾经有刊物共事的情分，杨然还听从先生建议，从《星星》诗刊调到邛崃乡下任一名中学教师。内容详见杨然《听先生一席话，回乡村教书》②。流沙河从乡下来，他对杨然的爱惜奖掖之意，不言而喻。先生自己答记者问亦涉及此事：

> 我把我关于台湾诗的资料，有几百本书吧，都送给了一个叫杨然的青年作家，他很感兴趣，之前经常住在我们家抄这些资料。他把这堆东西拖走的时候，拖了整整一个三轮卡车。③

我之所以说杨然"锲而不舍"，就是他借不出去，就坐到流沙河家中抄书。这种手抄本当年虽然比较多见，但坐到人家里抄书，还是要有些情分和"颜面"的。总之最终我羡慕的那些"灵药"，都落到杨君"囊中"了。这真是一件趣事。

流沙河的台湾现代诗评论主要是点评与随感方式，这与他所

---

① 参见《华文文学评论》（第七辑），四川大学出版社，2020年版，第355页。
② 参见《华文文学评论》（第七辑），四川大学出版社，2020年版，第352～354页。
③ 鸿鹄：《我这一生，不但偶然，根本就非常可悲》，南都周刊，2011年9月，转引自http://www.163.com/dy/article/FP52UA450536O239.html。

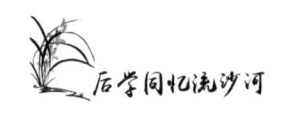

受的诗学传统尤其是阅读的大量诗话相关。他的《台湾诗人十二家》《余光中一百首》等影响至今，堪称我们后学的启蒙读物。当然，他的意象式的"隔海说诗"，也有不被受评者认可的，例如台湾诗人洛夫，就与他发生了笔战，这在洛夫先生来成都莅临我校讲座时，还曾提到。但这都是学术之争，他们个人之间没有恩怨。流沙河通过台湾现代派诗的收集与编撰，结识了余光中，二人成为莫逆之交。至于前引刘济昆对流沙河"比大陆强多了"一说，我的看法是大陆与台湾现代诗各有千秋，未可武断一概而论。例如流沙河的《草木篇》《故园九咏》等，你在台湾诗坛是"打起灯笼都找不到的"。

流沙河八十年代末从诗歌转向，不是写不出新篇，主要还是随着年龄、经历的变化，他致力教育的热心与兴趣日增，以及他自来所走的如"宋诗"说理这条路线，与其让诗歌说理，不如径直让散文随笔以及讲义来说理好了。晚年他完全成为一位文字学、文化学的学者、教育家，有以然也。

三、"新红学"爱好者

我与流沙河师生关系有密有疏，甚至先生也有过小小误会（其间传言不实），四十年间也曾有多年少有见面，但先生始终没有弃我，见面聚会、邂逅总是开心溢于言表，凡我有求多必承应。这其间有一层很重要的关系为外人所不知，即我与老师皆系红学粉丝，我们共同的爱好是《红楼梦》，以及红学中的"曹学"，我们谈及这个话题，总有说不完的故事，而且相谈甚欢，先生的言语也特别丰富。就在他去世头年春应龚君明德之邀聚于新都清流镇，一日的相聚，谈论也多涉及红学。

先生早岁就喜读《红楼梦》，在他八十年代末主动写给我的条幅中有他未曾发表过的一首五言诗："早岁多梦幻，至今迷红楼。不当小说读，能导大观游。厌看宝钗喜，爱分黛玉忧。芹溪应笑我，白发傻丫头。""芹溪"是曹雪芹另一个别号。先生在中学时代即已通览古典名著，1954年的批胡适、俞平伯新红学"资产阶级唯心论"运动，先生既惊且疑，又将红楼史料暗暗通读一过，温习再四，以此衡量是非。"五七"后他体力劳动并兼图书馆工人期间，工余更是将胡、俞另及周汝昌、吴世昌、周世昌、吴恩裕等学者烂熟于胸。原著的很多段落，他都可以出口成诵，他的这种由旧时代过来的"童子功""背功"，没有哪次不令人吃惊。他的藏书中，据我目光所及，没有见到有红学书籍，但以他的熟悉程度，我估计至少应该藏有胡、俞等人的名著。他对《红楼梦》的"痴爱"到了立誓要为曹雪芹立传的程度。他对《红楼梦》的甲戌本、庚辰本、己卯本等各个版本，以及评点《红楼梦》的脂砚斋、畸笏叟等莫不了然于心。九十年代末我关于《红楼梦》作者置疑问题的论文引起不小风波，招致红学界的群起而攻。先生见了我面带微笑说，我知道你的苦心，你是想激一激红学家，拿出更多有关曹雪芹的证据。知我罪我，凡先生也。又有著名作家克非老师对脂砚斋是后世的"骗子"的行文考证，我与先生在省作代会期间茶饮偶尔说起，先生抚手而笑，凑近我朗朗道："庄子与惠子游于濠梁之上。……惠子曰：'子非鱼，安知鱼之乐？'庄子曰：'子非我，安知我不知鱼之乐？'"我俩会心而笑。

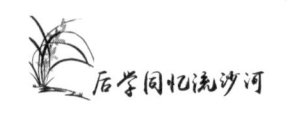

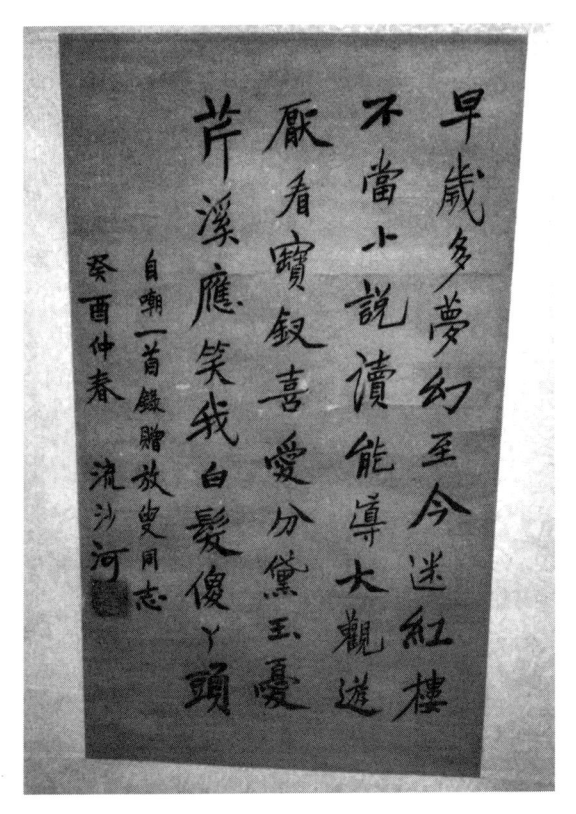

流沙河书法-《自嘲》

先生的学术观至为开明，即表明可以怀疑，仁者见仁，智者见智，但还是要有证据说话。流沙河自己，是坚信有脂砚斋其人且即曹夫人的。在这一点上，我们认同周汝昌先生。我当面不止一次问过他对周汝昌《〈红楼梦〉新证》的看法，他多持正面肯定。可惜他与周老没有过从缘分，当周老在川大外文系执教一年时，流沙河已离开川大在《川西农民报》任编辑记者，他二人不同辈分，没有交际。这是十分遗憾的。但沙河师对周老著作十分了解，他甚至抄写过其中的考证段落，那应该是早年在图书馆起居期间。

记者问及流沙河在当右派期间有没有写过诗，他肯定地答道："写过，很长的两首，一首《曹雪芹》，一首叫《秦祸》，就是秦始皇的祸，就是焚书，有500多行。都烧掉了。一句也记不得。"①他烧掉的手稿包括一部说文解字的书稿，他晚年重新写出，并大为扩展疆域，出版多部解说汉字源流的书，大受欢迎。可惜长诗《曹雪芹》再也没能面世。想来诗歌是要有激情的，时过境迁，毕竟他已不再写诗。但当年他对红学的不能忘情，可见一斑。

在我忙于教学生活，少与沙河老师见面，也少于拜望期间，有一次知龚明德兄要往老师家，我顺口拜托如果方便为我求一幅字，书写内容与红学相关就行。不日龚君真的转我一副丈长对联，是沙河老师的手笔："茜纱公子情无限，脂砚先生恨几多！"从字里行间墨迹若新上，可见沙河师对红学如何的不能忘怀，也对后学同好的如何不弃支持与怜惜。这一对联内容出于《脂砚斋重评石头记》，据周汝昌先生解释，"茜纱公子"（穿着用茜红花颜色染的纱袍）即指曹雪芹，而"脂砚先生"即史湘云（汝昌先生考证她与雪芹结缡共度苦难岁月）。先生题写给我，我想也有纪念我们谈红论红的快乐的意思吧。

我最近在北方民间求得乾隆时期"脂砚"一枚，颇疑心即脂

---

① 鸿鹄：《我这一生，不但偶然，根本就非常可悲》，南都周刊，2011年9月，转引自 http://www.163.com/dy/article/FP52UA450536O239.html。

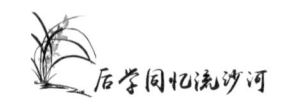

砚斋所用，见证过雪芹著书。想与沙河老师分享，惊悟老师已仙逝三年，不复快谈之乐，车过腹痛，哀何如之！情不自禁配图文成诗一首发到朋友圈纪念，录于下：

脂砚研墨，芹溪执笔。红楼一梦，石头为证。传说中的脂砚似被我找到了！惜红学前辈、恩师流沙河先生已不能分享。追忆往日谈红之乐，感慨丛生，旧体不计工拙抒发三首——

一
脂砚一枚醉如酥，曾见湘云泪研墨。
泪中巧笑问雪芹，著书可忘今非昨？

二
当年题诗赠后生，言语芹溪应笑我。
爱好石头度苦海，结识恩师流沙河。

三
物是人非流光转，三百年来蝉声和。
有情最是掌中物，百抚千赏忘荣辱。

上文篇幅已长，言不尽意。谨以此文纪念流沙河先生驾鹤西去三周年，伏维尚飨。

二〇二二年十一月二十八日于四川大学叹凤楼

（按：此文原载《文学自由谈》2023年第2期，收入此书时有所增删。）

流沙河与高校教授

流沙河先生一生并未有专业执教高校的工作经历，但他热爱学术，交好教育界友人，一生中的至交甚至患难之交不乏高校教授教师。稍加留意你就会发现，他交好的高校教师多为脚跨中西文化、融会古今学识且在学术与文学创作两方面皆有兴趣与追求的人士。最知名的莫如他后半生的挚友台湾诗人余光中教授，还有香港中文大学后转澳门大学执教的黄维樑教授等人。至于"患难之交"，最知名莫过于四川本地的何剑熏、张默生教授等。

首数何剑熏教授（1911—1988），生于四川阆中博树垭乡村，身世充满传奇色彩。他二十世纪三十年代赴上海求学，因家贫无以自给，代人到大夏大学等名校就读考试以糊口，未料"枪手"自学成才，并结识鲁迅、冯雪峰、胡风等海上文学名家，亲聆教诲指导，参加左翼文学运动，积极投身文学创作，常在《作家》《文学》《光明》等左翼刊物发表小说散文游记等多体裁作品。一九三七年返四川重庆（重庆时属四川省），一九三八年加入中共地下党，任石柱县委书记等职务，一九四〇年因工作需要"脱党"加入"九三学社"，成为活跃的民主人士，多在《新华日报》《新蜀报》刊文。新中国成立后，何剑熏先生任教于重庆大学中

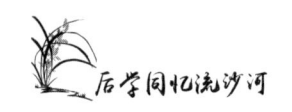

文系，任系主任，一九五五年因好友胡风事件受牵连蒙冤下狱一年，后被组织安排至成都西南民族学院（现西南民族大学）任教，曾任中文科主任等职。流沙河如何结识何剑熏这位前辈，并称其为"老朋友"，笔者于今无从查考，想应同出文学创作的爱好，于五十年代初结识于四川省文联文学活动抑或四川报刊编辑联系工作。流沙河在《锯齿啮痕录》中记录了一九六六年离蓉辞别何剑熏时的情景，备极详细，鲜活画出其时代时人——

8月8日上午，我又去外南小天新村看何剑熏。他从前是大学教授，重大中文系主任，后来又调到西南民族学院任教，如今是省文史馆馆员。他当"右派"，同拙诗《草木篇》有关系。小天新村，居民是城内的拆迁户，平房小屋，低矮密集，维持着拆迁前的旧貌。我在村中转了很久，问来问去。好不容易才找到了小天五路115号。走近一看，哈，何教授蹲在门前，又是吹又是扇，正在给蜂窝煤炉子生火。我叫一声"何教授"，他惊诧地抬起头。嘿，一脸煤污！认出是我，大喜，扇子一丢，擦擦脸，憨笑着说："扇了一上午，还是不燃。"便引我入室去。室中空荡荡的，家具很少，尘埃厚积，唯有二多：书籍多，桌上、椅上、床上、地上都是；酒瓶多，桌上、架上、橱上，还有床底下，都是。床上被褥不理，烟灰缸中残烬不倒，地不扫。坐定了，抽燃他递来的劣质香烟，我才发现他是赤脚趿着露趾布鞋，走路佝背，向前倾俯，脚步前踬后跋的，比去年夏天同窗时（按：指二人参加右倾改造学习班）又老一头了。他的衣裳有破缝了，久不洗了。他的夫人已经调到外地去了。家中二子都在上学，过一会就要放学回来了。他刚才蹲在门前生火，就是要给他们做午饭的。他是慈父兼慈母，一身而二任焉。①

这里讲到何剑熏时任四川省文史馆馆员，因一九五七年参会为流沙河《草木篇》发言辩解而受到牵连。何教授于改革开放后从青海省民族学院（始于青海农场劳动改造，后应当地政府招邀整理《格萨尔王传》并安置在青海省民族学院任教）调回西南民族学院复任教授。

何教授一生著作等身，是著名的楚辞学家、文学家、专业领域学术带头人。流沙河用《世说新语》的笔法，记述二人间的友谊，包括当年在改造学习班"同窗"的经历，写到二人依依惜别相扶到小餐馆"吃酒"一节，堪称不假掩饰，淋漓尽致：

何教授引我去一家他常常去的饭馆。坐定以后，营业员来摆筷子，问吃什么。他拽营业员的衣袖，小声说："我赊账。"营业员笑着说："没问题，何老师。"我赶快摸出钱，先付了账，叫来两菜一汤二两酒。我不会喝，二两酒全归他。三杯下肚，他的目光渐渐散乱，他

---

① 流沙河：《锯齿啮痕录》，生活·读书·新知三联书店，1988年版，第119页。以下两段引文均随文标注页码。

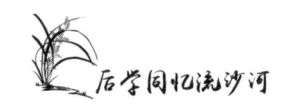

的言语渐渐含糊，嘟嘟囔囔，不知所云。我只听清楚了断断续续的一句话："我要去问……问沙汀……为啥不……不留你在省文联。"这时候营业员走过来向我耳语，说何教授每月领了工资以后，夜夜来这里喝酒，醉得一塌糊涂，常常倒卧大街。我听了暗暗发愁，怕他醉了跌倒。二两喝光，他嚷着还要酒。营业员骗他说："酒卖完了。"我扶着他到茶馆去。他推开我，悄悄说："不要抱。羞人！"喝了两道酽茶，他才渐渐清醒。然后我陪他回家去。（第121页）

晚年何教授历经沧桑，心境与做派乃至性格与当年都已有所不同，据我的"发小"曾明教授（后任西南民族大学校长）说，何剑熏老师当年阅读于此意颇有不释，生气说要与流沙河讨说法甚至绝交。"他现在得意了，敢丑化我了！"但说归说，事实是二人仍为莫逆之交，毕竟曾经患难与共、命运相连，友谊未辍。据说在流沙河回乡做苦力最困难的年代，何剑熏凡有能力，不时从邮局五元十元地汇款接济，助友人渡过难关，哪怕教授自己也身处大西北、生活艰难。在何教授的追悼会上（一九八八年五月二十三日），流沙河悲痛难忍，深情发言缅怀何教授，与之做最后的辞别与致敬。何剑熏教授学术成就斐然，主要集中在楚辞学与语言学、文学史研究方面，流沙河于书中也有涉及与描写：

接着从抽屉内拿出他多年来的心血之作《骚札》稿本，同我讨论。他解释屈原的《云中君》写的是闪电神,我不同意。两人愈争论愈激烈,惹得邻人来窥窗户,看我们是不是在骂架。接着又谈到古文字,他解释"吉"这个字,说:"吉字就是现在的吃字,古音相同。吉,从士从口。士就是兵士。民间所谓吃粮投军,这是吉的本义,专指士兵吃粮。"(第122页)

何教授著有学术著作《音学》、《切雅》、《骈雅》、《中国文学史》、《西厢记成书的年代》、《楚辞拾渖》(按:笔者曾对此书撰有专题评论)、《剑熏诗集》以及中长篇小说《熔铁炉》《被解放的孔雀》等。其学术讲义与遗稿由其生前高足——我的同乡、西南民大吴贤哲教授近年整理出版,如《楚辞新诂》等,颇受学术界好评。

张默生(1895—1979),名敦讷,山东省淄博市临淄区(县)人,著名学者、教育家;北京师范大学国学系毕业。曾任上海复旦大学教授,四川北碚相辉学院教授兼文史系主任,重庆大学中文系教授,四川大学中文系教授兼主任。张默生先生毕生治中国古典文学,尤擅先秦诸子之学,于《庄子》的研究造诣最深,生前只出版过《庄子新释(上)》,后由山东大学哲学系教授张翰勋根据其讲义和著作校订、补写和整理而成全书。张默生先生除研究庄子外,还以传记名闻天下,其著《厚黑教主传》风行一时,除此之外尚有多部传记流传于世。张默生教授曾用笔名默僧,在民国时代亦为著名左翼文人、作家。张教授有着山东人的耿直与豪爽,如何结识流沙河,现已不知,可能缘于其好友、同事何剑熏(于重庆大学中文系同事)介绍,张流二人兴许没有特别的过从甚至较多的相处,但流沙河曾就读四川大学农化系一学期,彼

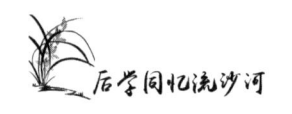

此算是校友。胡尚元、蔡灵芝《流沙河与〈草木篇〉冤案》一文，追溯事件前后甚详，涉及张默生一节引用如下：

> 6月初，四川省文联邀请在成都的部分文艺工作者，就《草木篇》问题举行座谈会。座谈会由四川省文联主席、著名作家沙汀主持，四川省委宣传部副部长李亚群参加了座谈会。
>
> 作家袁珂在发言中说：我觉得《草木篇》是一首不好的诗，坏诗，情绪不健康，调子低沉，作为"百花齐放"放出来，是有害的，应该批评，但是批评应掌握分寸，不能当成敌我矛盾。我不赞成余辅之的批评方式，把流沙河说成是对人民的挑战，是站在反革命的立场。批评应抱与人为善、治病救人的态度，还应允许反批评文章出现。
>
> 四川大学中文系教授、老作家张默生发言：流沙河的作品是在党中央提出"百花齐放、百家争鸣"方针半年以后发表的，不管是好是坏，还是响应了党中央的号召的。对他的作品不同意，有意见可以批评，但也要允许人家反批评，但事实不是这样，事实是把文艺批评硬拉到政治问题上去。
>
> 张默生还说，"诗无达诂"，一首诗不可能有一种固定的解释，最好让作者自己去加注解，任何时代的诗也是如此。如《诗经》的"关关雎鸠"那一首诗，有人把它当做是赞美贵族爱情的诗，有人又把它当做是赞美平

民爱情的诗。他是用"比"、"兴"的手法去表达思想感情的，只有他本人才懂。别人看了也可以这样讲，也可以那样讲。现在流沙河把他的诗加以注解了，前天他已发言，说他只是影射少数人，不是有心反人民，反现实，反社会主义。如果按照这种解释法，群众对这次批评的看法就可能大大不同。对《星星》全面否定，会带来"寸草不生"的结果。①

张教授也许并没有丝毫徇私念旧的心思，他与流沙河属于不同的两代人，交情非深，他的发言秉承公心，是他自己的学术意识与正直坦率见地。未料就此罹祸，据说文联当时曾派小汽车接送他开会，有意请他来"说反话""当反派"，不久张默生在四川大学成为"铁帽右派"，被遣送还乡，后又被从山东原籍揪回川大交代问题，一九七九年病逝于教授职位上。好在他看到了云开日出、平反昭雪的一天，甚至看到了流沙河这个他当年形容为"竖子"的诗人重出江湖、被形容为"重放的鲜花"这一奇象。

当年为流沙河据理力争作辩解的还有四川大学林如稷教授、刘思久讲师，前者侥幸没有"戴帽"（因林如稷当年系新文学"沉钟社"著名左翼文人，得鲁迅先生支持，加之事后"检讨"据说比较"深刻"），后者则不幸被命中，历经坎坷磨难二十年，后在四川大学中文系资料室退休。林如稷教授病逝于"文化大革

---

① 胡尚元、蔡灵芝：《流沙河与〈草木篇〉冤案》，载《文史精华》2005年第1期。

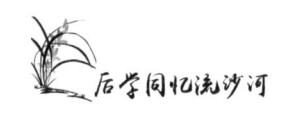

命"期间，刘思久副教授于去年（2022）岁尾病逝，享年九十三岁。学院及各界人士（这里边多流沙河读者）共捐募人民币八万余元，凭吊逝者，为遗属雪中送炭。

业师尹在勤（1938—2012）教授，南充人，著名诗歌评论家，生前与流沙河也有良好的友谊。二人结识于改革开放文艺繁荣初期，曾于《星星》诗刊笔会期间同处一室，畅论诗文。因在勤师是张默生、林如稷先生高足，曾多有合作署名的评论发表，流沙河对之格外客气，虽然彼此诗路有所不同、经历也颇异，但在改革开放的骀荡春风中，除旧布新，心得甚悦。在勤师多次邀请流沙河先生到校参加硕士研究生答辩，我时为副教授每得厕身一侧，流沙河对我们往往有求必应，席间十分健谈，对研究生可称循循善诱、教诲有加。凡交付审阅的研究生论文稿，无不逐一匡正厘定，然后以墨笔小楷写出满纸的建议，这自然都成为研究生珍藏的墨宝。我得以结识流沙河先生，交好近四十年，也由于在勤师的热情引荐。另流沙河与诗人干天全副教授也有过从，后期到川大讲学、联谊，主要应邀于干教授（兼任四川省写作学会会长），我自然也有参与。

晚辈高校教授中，流沙河近二十年相契并过从最多的是湖北南漳县籍四川师范大学文学院龚明德教授，不仅为师友，亦为"通家之好"，双方贤内助成为"闺密"，龚教授与流沙河有如胡颂之与胡适、曹聚仁与章太炎，即亦友亦文字秘书亦入室弟子，一任肩之。流沙河晚岁患病多次住院，龚夫人小陶成为"义工"，她煲的瘦肉粥成为老人的最爱。而老人的墨迹、史料与"秘辛"，也没有第二个人有龚明德掌握之富了。当下龚教授致力流沙河文化史料研究与传播，整理其遗著以及近百万字日记手稿等，主编流沙河故乡文体局电子公众号，发表"河粉"的追忆缅怀与评论，可谓鞠躬尽瘁，任劳任怨，不计得失，有如春秋稷下学风，或鹅湖诗会，余韵袅袅不绝。

二〇二三年三月末于叹凤楼

流沙河书法－小隐自题

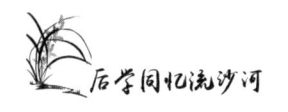

语言文字学家流沙河

著名诗人、文学家流沙河先生讲一口地道的"四川官话",亦称成都官话,在四川金堂和龙泉驿等客家人居住较为密集的地方,又称"湖广话",因为客家人自家对话用客家方言即"土广东话",而与四川当地其他族群对话则用所谓"湖广话"。成都东北方向不远的地区,老百姓都说一口成都官话。所以龙泉驿、青白江、金堂、广汉等地并没有特别的方言,在外地人耳朵里,他们的口音与成都市区人基本没有区别。关于这个话题,我在流沙河先生去世前一年的新都清流镇梨花村聚会上,专门谈到过。因为清流镇这个地方紧邻彭州边界,当地人的口音就有与新都城里人不同之处,更接近彭州方言,属于所谓"河东话"。虽然清流的书记、乡长都是新都区的公务员,但他们土生土长于彭州辐射区域,讲话就是河东话,不等同成都方言。例如他们说"吃",成都人发音 ci,他们则加儿化音说"吃儿",同样,例如"十",成都人发音 si,他们就发音"十儿",如称日本,必称"日儿本"。他们请客:"沙河老师,多吃儿点,好吃儿!"这是热情朴实的方言劝餐声。

流沙河先生去世头年春于新都清流镇

　　我自己的家乡汶川方言也是河东话，为什么呢，因为早先大量的灌县（今都江堰）人、彭州人翻山越岭过来，在汶川大山生产经营、居住，当地多民族（羌为主）的汉语方言就日渐成了"河东话"的天下。而流沙河先生的金堂话则是成都官话体系，和龙泉驿地区客家人的"湖广话"浑然一体。我在清流那天问过流沙河先生是不是客家人的后代，他沉思片刻，说也许算是吧，因为四川人广义上来说都是"客家人"，即外来移民。他又说他一度揣测自己是蒙古族后裔（这个问题详见阿泉专文）。我国人民本系多民族共同体，我们身上的血统其实多少有少数民族群体的化入融合（例如鲜卑、北狄、突厥，还有如我们历史上的巴人、賨人、僰人、蜀人等）。这个就叫文化，我们的文化如郭沫

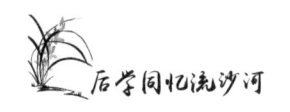

若先生所讲，是由北而南、由西而东的播迁、融合的文化。流沙河师精通这方面知识，他之所以倾向自己有蒙古族血统，一则可能有家谱祖传，二则也是早先二百多年来，成都的少城多驻有满洲八旗人，其中一支即蒙古旗，也即蒙古族的后裔，他们大量散落居住于成都平原，再也没有迁回北方草原。流沙河即出生于成都少城不远，长于金堂城厢镇（现属青白江区）。

流沙河认同成都龙泉驿洛带、龙潭寺、金堂五凤溪以及沱江流域远至川北地区等处的客家话是正宗的古中原汉语，他特别举例客家话吃饭叫"食餐"，穿衣叫"着衫"，解手称"出恭"，他早年在文联从事体力劳动，与车辐等人拉"架架车"，车老体形彪壮拉"中杠"，沙河师身体单薄拉"飞蛾"，常到龙潭寺拉菜（文联的蔬菜基地），当地客家老乡的土话熟到能听懂一半，他那时年轻，客家人还叫他"伢仔"，"一晃垂垂老矣"！在盛开的梨花树下，一头白发的沙河老师回忆往事，笑对人生风云坎坷。这些故事也有记录在他的回忆录里，如《锯齿啮痕录》。

四川方言除了"河东话"当然还有"河西话"，就是广大的川西南地区，也即岷江金马河流域以西（又称江右）地区。当地的口音则以古入声音为多，发音与流沙河的成都官话就颇有些差别了。沙河老师说那是四川的"雅语"，他特别有举例（此略）。沙河老师晚年足有二十年时光不再从事文艺创作，全身心地投入中国古代优秀文化特别是汉语言文字的解读与训诂考证、知识普及、宣讲中，追溯来历，证明典故，每一个偏旁部首，都有着浓浓的诗意与祖先情怀。我至今保留着他为我讲解"乡愁"字词的手迹，当时他觉得口说还不过瘾不详细，生怕我不领会，特别拿过一纸白张来，描写乡字的原生态（甲骨文），是两个乡人跌坐相对陶壶饮食，他说这个"乡"也通假"方向"的"向"，同时与享受的"享"同音近义。而"愁"则充分展示了农人对秋后收成的担心和忧思，这充分证明我们的农业社会持久稳固的传统。沙河师作为语言文字学家，他也精通英语，在讲解中突然问我"乡愁"用英语怎么翻译，我愣了，说这个真还不知道。他说"homesick"，沉吟片刻又说"nostalgia"也可以，但这两个词其实都不足以说明我们的乡愁，因为前者是想家，后者是怀旧，而我们中国人的乡愁更是一种对精神家园的依恋与向往。他特别举了陶渊明、李白、杜甫为例，也特别举到余光中。

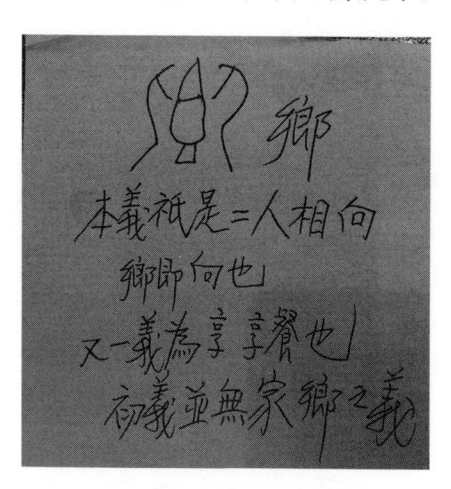

流沙河先生讲解"乡愁"

流沙河师在任何地方对任何人都讲方言，从不讲普通话，因为四川官话属于北方方言区，音韵清晰、明亮、平实，无需翻译，讲慢一点基本上外地人都能听懂。这或许也是朱德、刘伯

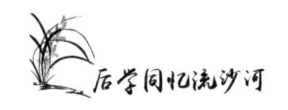

承、邓小平、聂荣臻等四川将帅领袖一生不改家乡话的原因。据说新中国成立之初还有将四川话定为"国语"的动议,当然这只是一个传说。

流沙河的书里大量涉及方言土语以及文言文的讲述追溯。就是他的创作,也是依照四川话发音写作,例如大家熟知的选入全国中学语文教材的《就是那一只蟋蟀》,"蟀"普通话发音"shuai",四川话则发音"so",而他的全诗正是押"o"韵。如果你按照普通话去读就不押"o"韵。同样,里边的"歌"普通话发音"ge",四川话发音"go",按四川话去朗读这首诗则恰到好处、音韵铿锵合拍——

> 就是那一只蟋蟀
> 钢翅响拍着金风
> 一跳跳过了海峡
> 从台北上空悄悄降落
> 落在你的院子里
> 夜夜唱歌
> 就是那一只蟋蟀
> …………

流沙河先生已去世三年了,但他的音容笑貌还常在亲友与后学们的心中浮现。

二〇二二年十二月七日于四川大学叹凤楼

流沙河与覃子豪

覃子豪先生与流沙河先生是不同辈分的两代诗人。前者生于一九一一年二月,后者生于一九三一年十一月,相当于父子两代人。二人生前并无交际,却有相通之处,可称冥冥之中的巧合。两人都是我国著名的现当代新诗诗人,又都生长于四川成都郊外北部地区城镇。覃子豪先生是广汉西街人,流沙河先生是金堂城厢镇人,两地毗邻,堪称"大同乡"。成都北部地区一大片同属"成都方言"区域,其风俗地理人文环境,基本相同。还有一个相似点,即二人身上都可能融合有少数民族血统。覃子豪先生据其好友彭邦桢先生回忆生前自述可能有"苗子"(据笔者走访考查疑系北川地区的羌族)血统,而流沙河先生则可能有蒙古族后裔血缘关系。流沙河生前不止一次讲到这个问题,年岁很大还前往内蒙古寻根溯源考察。我当年与之闲谈,问他会不会是成都少城满洲八旗的蒙古旗后人,先生听了微笑轻轻摇头,但似不否认有这个可能性。事实上"湖广填四川",我们现在的四川人,多来自明末清初即两三百年前的外省移民。民国以来,成都少城的满族人多散布于成都乃至四川各地,完全融合了。中华民族是一个多民族的渐进的融合

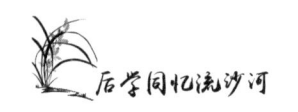

体，四川的民族特色十分显著，各民族早已融通共处、缔结婚姻、安居乐业。记得往年赴台北访学，佛光大学研究台湾现代文学并撰写覃子豪研究论文的刘正伟博士即惊叹我与覃子豪照片形象高度相似。事实上我是阿坝藏族羌族自治州汶川县生人，母系亦自川北交近茂汶处移民，巴蜀同根本源，正可能亦有着"苗子"的血统。

流沙河先生有着深厚的家国情怀，他十三岁就读初一时曾在老师带领下长途跋涉参与广汉抗战军用飞机场建设集体劳动，历时一个星期，艰苦备至，故此对广汉有着不一般的感情。据我的朋友——广汉作家、学者陈立基介绍，他们当年开办文学讲座和电大培训授课，流沙河先生基本是有求必应，而且不计报酬。进入耄耋之年，先生还多次往返广汉，二〇一五年为机场旧址、现"中飞院"石碾广场手书"石碾铸魂，丰碑永在"以及"飞向蓝天，飞向梦想"的主题铭文与寄语，据在场人士说先生用嘶哑的声音（因患咽喉病）讲述当年情景，述及艰苦而英勇不屈的抗战事迹和精神，不由自主地流下了眼泪。

流沙河对广汉籍前辈、台湾著名诗人覃子豪的介绍亦堪称不遗余力。覃子豪是迁居台湾的诗坛著名三大元老之一，另二位分别是纪弦、钟鼎文，三位对于台湾现代派诗歌的传播发展有着不可磨灭的贡献。尤其覃子豪，开办文学培训班、夜校，创建蓝星诗社，主持新诗报刊，后来相继成名的晚辈余光中、罗门、蓉子、邓禹平、商禽、向明、渡也等都可说是他的学生辈。覃子豪也可称台湾第一位集结海洋题材的"海洋诗人"（五十年代伊始推出《海洋诗抄》，风行宝岛）。

流沙河《隔海说诗》之七专题介绍覃子豪，那是八十年代初期，文章刊于《当代文坛》一九八二年十一月，题为《一首诗的讨论——覃子豪：〈追求〉》（详见本文附录）。全文大半用于介绍以及引用资料，从钟鼎文到渡也，约十来位名家对覃子豪先生作品的详细点评，流沙河先生逐段摘录。在那个年代，海峡对岸的文学于我们尚较陌生，而流沙河逐字逐句抄录介绍，本身就是传播新异的知识和对意义的复述引申。例如钟鼎文将覃子豪海洋诗代表作《追求》与陈子昂《登幽州台歌》相提并论，即令人耳目一新。全文围绕覃子豪精品杰作《追求》展开，原诗如下：

追　求
覃子豪

大海中的落日
悲壮的象英雄的感叹
一颗星追过去
向遥远的天边

黑夜的海风
刮起了黄沙
在苍茫的夜里
一个健伟的灵魂
跨上了时间的快马

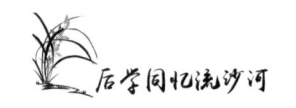

流沙河所引述十来位台湾诗人学者对此诗的评论,都是点睛之笔,发人深思。他自己也发表对此诗的见解,表示自己的欣赏,也有"指疵",着重从个别语句修辞上提出建设性的意见,当然这属于仁者见仁智者见智。在全文最后一段,流沙河提出自己对此诗的见地判断,文章开出豹尾,有石破天惊之美感,这充分展露了流沙河的腹笥学问与敏锐的眼光甚至是文学的天赋。于此不妨效仿先生当年,不辞辛苦,抄录一段,以飨诗歌同好——

我服膺渡也的分析,《追求》的追求"其结果自然是落空和绝望",是"悲剧的下场"。不过就诗艺而论,《追求》还是颇好的。特别是开篇两行,漂亮极了。偶然翻到我国女诗人舒婷的《致大海》,其开篇两行好象是从《追求》的开篇两行那里学来的。对照如下:

覃子豪:大海中的落日
　　　　悲壮的象英雄的感叹

舒婷:大海的日出
　　　引起多少英雄由衷的赞叹

我也看过大海日出,也赞叹过。常人看了都会赞叹,何必英雄?"由衷"二字似嫌多余,英雄是不会有言不由衷的赞叹的。学是好的,套是不好的。其实覃子豪的这两行恐怕也是学来的。学谁?学杜甫。杜甫晚年漂泊湖湘,一度发愤,想要有所作为,写了五言律诗《江汉》一首。此诗后四句云:"落日心犹壮,秋风病欲苏。古来存老马,不必取长途。"落日秋风两句就是写他自己晚年发愤,自强不息,锲而不舍的顽强精神的。"落日心犹壮"一句也许给了同样是晚年发愤,锲而不舍的覃子豪以启发吧。杜甫以识途的"老马"自励,覃子豪要跨上"快马",又都说到马,也许不是偶合吧。读者不难看出,覃子豪是学得好的,不露痕迹,瞒过了讨论会上的台湾诗人们。

文学欣赏都有主观色彩,往往结合了诗人自己的经验知识。覃子豪先生在世,也许不一定完全认同流沙河的见解。但流沙河的见地,以及行文中的"比较文学",可圈可点,令人啧叹,他信手拈来,恰到好处,比较是有逻辑性的。流沙河对覃子豪佳作的欣赏,感叹"漂亮极了",这无疑有文学的同感,也有乡土的情怀甚至是偏爱,这是可以理解的。

流沙河参与了广汉覃子豪纪念馆的筹办与兴建。那是一九八七年七月,覃子豪昔年的诗坛好友、居美诗人彭邦桢慷慨捐资赞助,覃子豪当年留日的后期"创造社"好友李华飞积极发起并参与,在广汉政府支持下,广汉诗人周道模、学者陈立基等人以及政府、房湖公园工作人员踊跃加入,一座四合小院的覃子豪纪念馆在房湖公园内落成,成为当地靓丽的文化风景线

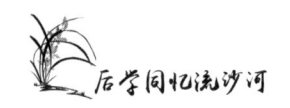

与文学地标。流沙河先生在此过程中起了重要作用，他不仅多次与会座谈策划，接受采访，还收集捐献文献资料，亲自题写匾额、解说词等。至今其手书楹联还悬挂于纪念馆水榭正门最醒目的位置——

当时望乡千茎白
至今照岛一星蓝

  水榭上并肩而立的楹联还有如"平生宦境同江水，一代诗名继海峰"。这是台湾学者谢树楠结联，由著名画家晏济元书写的。
  覃子豪先生于一九六三年十月十日因病壮岁去世了，流沙河先生也于二〇一九年十一月二十三日以八十八岁耋寿谢世。当年那么清新活跃敏捷的诗人，先后都成了古人。我前后到广汉参观与凭吊诗人覃子豪故居多次，每次都驻足观望流沙河先生的手迹，从一撇一捺上，揣摩先生的家国情怀与历史兴叹。二〇二一年秋我陪同台湾覃子豪研究专家刘正伟博士往观，多亏广汉当地名士陈立基兄的帮助，我们得以入馆。其时只见苔痕已生，水榭半涸，好在工人师傅守护还执着认真，纪念馆仍旧完整，只是照片中那么多名家诗家，都已应召往赴白玉瑶台作诗，这儿只有他们的跫音袅袅了。在纪念馆拍照留影观毕，我们又随立基兄前往广汉西街寻觅覃子豪故居。说是"故居"，也只能称"故地"了。沧海桑田，当年的院舍早已荡然无存，旧地成为爿爿商店与某单位职工宿舍所在了。我们在那儿也只有打望并"遥想当年"留影而罢。

覃子豪与流沙河这两位来自成都以北郊县的历史文化名人、著名新诗诗人，随着时光的流逝，相信名字仍能被读者记得，作品还能绽放出新鲜的活力与色彩。

二〇二三年二月二十七日于四川大学竹林村叹凤楼

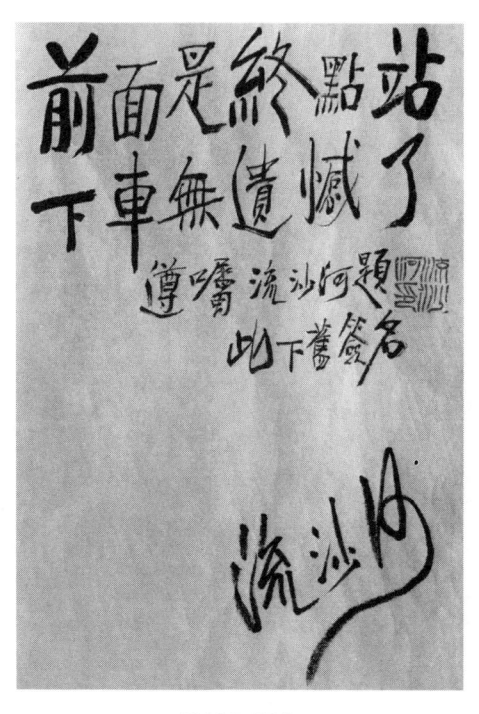

流沙河题字

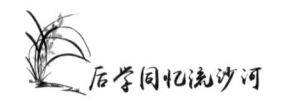

附录:《一首诗的讨论——覃子豪:〈追求〉》

·隔海说诗之七·

一首诗的讨论

覃子豪:《追求》

流 沙 河

曾经是台湾的"诗坛三老"之一的覃子豪(覃字作姓用读 qin),原名覃基,四川省广汉县人。早年留学日本。1937年抗日战争爆发,由日本返国,编报纸副刊。第二年有诗集《自由的旗》出版。1947年移居台湾后,编《新诗周刊》。1953 年有诗集《海洋诗抄》出版。翌年同另一位"诗坛三老"之一的钟鼎文和当时的青年诗人余光中等创蓝星诗社,编诗刊《蓝星》,后来又编丛刊《蓝星诗选》。今日台湾的中年诗人多出其门墙下。1963年病逝。出丧之日,十位青年诗人抬棺,他的一位学生披麻戴孝。1978年逝世十五周年,十四位台湾诗人小聚纪念他,并讨论他的三首诗。其中一首《追求》(写于1950年)如下:

　　大海中的落日
　　悲壮的象英雄的感叹
　　一颗星迸过去
　　向遥远的天边

　　黑夜的海风
　　刮起了黄沙
　　在苍茫的夜里
　　一个健伟的灵魂

跨上了时间的快马

对这次讨论会的发言,我想作一点介绍。讨论会由羊令野主持。诗人们的发言涉及覃子豪的三首诗,即《画廊》《过黑发桥》《追求》。这里只介绍发言中有关《追求》的部分。

讨论会开始时,诸与会者为覃子豪起立默哀一分种。默哀毕,由羊令野请覃子豪的生前好友钟鼎文讲话。

钟鼎文发言说:"覃子豪先生无家属在此,我以老友的身份对各位表示感激。"他又说:"覃子豪先生在诗人群中可以说是最忠于新诗的一个人,在新诗的成就上极高,对青年诗人的照顾提携最为周全,所以今日的聚会,一方面对他追思,一方面对他的作品加以讨论,是极有意义的。"又追溯到1950年他怎样鼓励覃子豪作诗,他说,"直到有一天他拿来《追求》这首诗,我看了以后十分震惊。我对他说,这是一首杰作,如果《唐诗三百首》最好的一首是陈子昂的《登幽州台歌》,那你这首诗也不下于他。我特别写了一小段文字介绍这首诗,发在《新诗周刊》上面。这首诗简练而超越,是今日新诗的最好示范。今日新诗的毛病就是拖泥带水,形

· 44 ·

容词太多,象女人的装饰品太多反而遮住了真正的自然美。"最后他还说到覃子豪身后萧条,无钱安葬,十五年了,骨灰寄放在寺庙里,希望社会人士多多帮忙。

罗门发言说,"《追求》在表现上最为精纯圆浑,精神境界也很高。'大海中的落日/悲壮的象英雄的感叹'这头两句就可看出他的心力与功力。落日是拥抱过光辉的白昼的,他如果没有生命的那种体察,如何会想到英雄悲壮的感叹如同大海中的落日呢?感叹两字用得最为传神,因为感叹能表现出整个生命带着声音沉落的景况,真是看到了大海中悲壮的英雄的感叹。

紧接着他写出'一颗星追过去/向遥远的天边'这一物境,使一个已入晚境的生命之星向永恒奔去。留一条光迹在天上,并由此引出'一个健伟的灵魂'——诗人他自己,'在苍茫的夜里''跨上时间的快马'而去,潜向永恒的茫茫的时空。这种表现闪烁着对智的光辉,让我们看见了他在诗中所把握的那种超越了悲剧而顽强存在的人生境界,是非凡而伟大的。"

张默发言说,"在参加讨论会以前,我和辛郁、碧果等人私下一致认为《追求》三首最好的一首。这首诗相当平实,没有炫奇的句子,节奏明快,一看就懂,可能是现阶段小诗的代表作。加上主题正确,表现完美。应该由国立编译馆把它编入中学国文课本,以广流传。当代的某些现代诗为人所诟病,我想是由于太多的无病呻吟的作品充斥诗坛。那么《追求》这一类风格的诗就更值得提倡了。"

碧果发言说:"《追求》文字简练,内容丰富,每个字都发挥了存在的功用。覃先生主张诗的密度。密度的实现是由博而约,由繁而简,由演绎而归纳。这首诗充分表现了诗的密度。此外,在诗的广度方面,这首诗也表现得非常成功。诗中的思想和情感都能从有限达到无限的境界,也就是从自我出发而达到物我合一、人神合一的交感的境界。"

辛郁发言说:"覃先生的诗致力于个人内心的描画,借自然形象以喻自己的心境,出之以简洁纯朴的表现手法,不追求意象的繁复,是明朗的,是抒情的,是感性重于知性的。《追求》简洁含蓄,十分完美,其意义也十分深刻。"他又说,"后期的覃先生有了变化,颇得法国象征派心法。他以意象的繁复和语言的强烈气势来表现事物的声色之美,并以暗示手法,借事物的声色的交感来刻画内心的感受,烘托出个人人格的完整。他后期的诗是知性重于感性的。从早期的简洁进入后期的繁复,正要达到成熟的顶峰,很不幸地,他去世了。这是诗坛的大损失啊!"

渡也发言说:"《追求》是一首十分难得的精美小品,平实却又出众,淡淡写来却又力透纸背,语不惊人却又具有非常感人的内涵。在短短九行的天地中,充满原型意象,如大海、落日、黑夜、黄沙等,而且十分统一。"他解释了什么叫原型即原始模型(archetype)。所谓原型,乃是不断地反复地呈现于历史中,于文学中,于宗教中,或于民俗习惯中,以至于获得了很显著的象征力的一种普遍的隐喻意象。简而言之,原型就是普遍的象征(universal symbols)。他说他发现《追求》一诗中包括着好几个原型,这些原型都具有普遍的象征意义。列表如下:

海:具有万物之母的象征意义,具有精神的神秘、无限、永恒……这一类相关的象征意义。

落日:具有暗示死亡的象征意义。

黑:具有阴郁、死亡……这一类相关的象征意义。

沙:具有精神的干枯、虚无、绝望……这一类相关的象征意义,

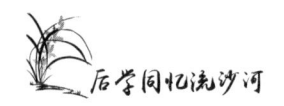

具有死亡这一类相关的象征意义。
哀：有关牺牲、孤独、死亡等的文学类型用之。

渡也继续说下去，说到叶维廉在一篇诗论中提出来的"远征的情境"这个术语。这个术语是指英雄抱着近乎着魔的狂热和傻劲，努力去追求一个崇高理想与他的个体存在之神秘结合。他又说，"《追求》便是表达这种'远征的情境'的。由于一些具有死亡（如落日和夜），具有虚无（如黄沙），具有阴郁（如黑）等象征意义的原型意象的暗示作用，使得这个追求演成悲剧的下场。诗中的那个孤独而伟大的英雄踏上极漫长的征途，在辽阔的空间里，在具有象征死亡意义的时间阶段里，想要向前迈进，去完成难以完成的艰巨任务，其结果自然是落空和绝望。或许有人会提出抗议，说大海一词象征着万物之母，象征着神秘、无限、永恒，在诗中应该有积极作用。关于这点，我认为，诗中的大海由于处在诺特罗普·费瑞在其《本体的寓言》一书中所提出的'日落期'和'黑暗期'，所以它原来应该具有的那个象征意义反而成为一种嘲讽了，甚至可以说，那个象征意义至此已因恶劣环境的威胁而告消失无踪了。"

蓉子（女）发言说："《追求》没有赘语，浓缩精炼，结构完整，意境高远。与陈子昂的'前不见古人，后不见来者'那首相比，《追求》更象超过。陈子昂是独怆然而涕下，覃先生则跨上了时间的快马，生命的本质超越了个人生命的领域，而与天地大自然合一了。"

在讨论会上发言的还有商禽、梅新、向明、大荒、张汉良等。他们很少说到《追求》，故不摘录。羊令野总结覃子豪在诗艺探索上的三个阶段，未说到《追求》，故也不摘录。讨论会结束时，与会读者提出问题，诗人们分别地作了解答。有些问题提得

• 46 •

引起多少英雄由衷的赞叹

我也看过大海日出，也赞叹过。常人看了都会赞叹，何必英雄？"由衷"二字似嫌多余，英雄不会有言不由衷的赞叹。学是好的，袭是不好的。其实覃子豪的这两行恐怕也是学来的。学谁？学杜甫。杜甫晚年漂泊湖湘，一度发愤，想要有所作为，写了五言律诗《江汉》一首。此诗后四句云：

很有趣，如"什么是现代诗？""胡适的诗是新诗吗？""如何用名词代替形容词？"这最后面的一个问题之所以被提出，是由于有一些台湾诗人（如余光中）有时候爱把名词当成形容词用，如"云很天鹅""女孩子们很孔雀""最母亲的国度"等等。

我力求介绍得客观一些，摘录的都是发言中的原话。偶有字句欠通顺处，稍作改动，都不违背原意。读者应该看得出讨论会的学术气氛是很浓的，这是好的。只是溢美之词似嫌多了，如说《追求》超过陈子昂的《登幽州台歌》啦，应该编入国文课本啦，是今日新诗的最好示范啦（样板吗？）等等。这些溢美之词也许是出自对已故诗人的尊敬吧。就诗论诗，瑕疵还是有的。后段第三行"在苍茫的夜里"便是蛇足，应该删去，因为前面已有"黑夜"了。何况"苍茫的夜"与"黑夜"在涵义上也有差异，"苍茫"尚未"黑"呢。后段末行"跨上了时间的快马"也有毛病，因为"时间的快马"，就是象快马一样奔驰的时间，也就是时间本身，"跨上了时间"正如占据了空间一样，人人莫不皆然，包括睡大觉的在内。应该说成"跨上了追时间的快马"才对。添一个追字，表明他要跑到时间的前头去，也表明他要追回失去的时间，这样才有积极意义。当然，这些只是小毛病，不是致命伤。

我服膺渡也的分析，《追求》的追求"其结果自然是落空和绝望"，是"悲剧的下场"。不过就诗艺而论，《追求》还是颇好的。特别是开篇两行，漂亮极了。偶然翻到我国女诗人舒婷的《致大海》，其开篇两行好象是从《追求》的开篇两行那里学来的。对照如下：

覃子豪：大海中的落日
　　　悲壮的象英雄的感叹
舒　婷：大海的日出

"落日心犹壮，秋风病欲苏。古来存老马，不必取长途。"落日秋风两句就是写他自己晚年发愤，自强不息，锲而不舍的顽强精神的。"落日心犹壮"一句也许就是覃子豪的以启发吧。锲而不舍的覃子豪以杜甫晚年发愤，自强不息，锲而不舍的覃子豪以识途的"老马"自励，覃子豪要跨上"快马"，又都说到马，也许不是偶合吧。读者不难看出，覃子豪是学得好的，不需痕迹，瞒过了讨论会上的台湾诗人们。

• 47 •

流沙河与罗门的诗

流沙河先生在二十世纪八十年代伊始成为台湾现代派诗的拥趸与研究者，并"一举成名"，他的《隔海说诗》《台湾诗人十二家》《余光中诗一百首》等专著专评影响了一代读者，对大陆诗歌创作者打开眼界、借鉴宝岛台湾同胞现代派手法从而推陈出新、自创一格，功不可没。由于评论台湾诗，流沙河也结识了同姓、同乡的余光中（按：流沙河本名余勋坦。余光中虽生于江苏，但于抗战时期来到四川重庆，度过了近八年的青少年时光，行文自称"川娃儿"），二人成为莫逆之交，不仅鸿雁传书，投递心音，还彼此往来，互访言欢（流沙河晚年访台曾到高雄余宅），谈诗论文。只因爱之甚，不免也得罪了余光中的"诗敌"洛夫。因为诗评《举螯的蟹》中感情方面"站队"余光中，尤其对余洛二人七十年代有关现代诗的论争（要不要古典主义和通俗明白）表明观点，同时对洛夫诗也有"指疵"（晦涩和阴冷），洛夫对此著有专文辩论。二〇〇七年洛夫先生再访成都，到敝校讲座，我有陪同，闲谈间洛夫先生还说起这事，颇有不同的见解。海峡两岸这两位名家失之交臂，生前没有往来，不能不说是一件憾事。余光中的诗对流沙河影响甚大，流沙河后来挂笔不再写诗，意思

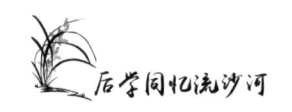

是"眼前有景道不得，崔颢题诗在上头"。言下之意不能过之，转而重拾旧好，研究语言文字和中华历史、巴蜀文化。在余光中的诗作之外，流沙河先生对台湾诗人罗门的作品，亦称赞有加，甚至影响到流沙河自己的创作和"外事活动"。

罗门，原名韩仁存，海南文昌人，飞行军校学生，一九四九年随军到台湾，退役后供职台民航局，也是台湾现代派诗的闯将与元老。罗门对战争题材的书写，尤其打动流沙河。毫无疑问这缘于他们既是同时代人，又是那个烽火连天国难时代的见证者。罗门最有影响的战争题材作品是《麦坚利堡》以及相隔二十九年的续作《一直躺在血里的"麦坚利堡"》，前者曾获菲律宾总统"马可仕金牌奖"。作品取材于第二次世界大战太平洋战争，数万美军官兵牺牲后葬于菲律宾一个叫麦坚利堡的地方。罗门用超现实主义手法描绘他到墓地的感受，赞颂英雄主义的同时，更多的是对战争残酷的揭露，以及对悲剧审美的感受，从而曲折地表达来之不易的和平足堪可贵，抚今追昔，罗门自述——

> 我（1961年）到菲律宾去访问，写了一首《麦坚利堡》，表现第二次世界大战，死在太平洋中的七万美军的悲惨情景，因思想性的加强，语言的功能与活动的趋势，便也加强。于是一种偏向于现代艺术表现主义的技巧，便自然地潜进《麦》诗中来。如诗中的"战争！坐在这哭谁，它的笑声，曾使七万个灵魂陷落在比睡眠还深的地带……太阳已冷，星月已冷，太平洋的浪，被炮火煮开也冷了……血已把伟大的纪念冲洗了出来……

太平洋阴森的海底，是没有门的……"这首诗后来获菲总统金牌，确对我创作带来一些激励作用，使我也大胆地将诗推入更深广的精神层面。①

流沙河生于一九三一年，十三岁时，尚是初小学生的他曾参与成都地区抗战军用飞机场建设义务劳动，历时一周（详见流沙河文《二战我修飞机场》），且对家乡附近驻留的"飞虎队"官兵有比较直接深切的见闻了解。他读了罗门的作品，感动是可想而知的。他在《台湾诗人十二家》罗门专章《飞逃的鹤》中激赞罗门抗战以及战争题材作品，对《麦坚利堡》一诗的印象尤其深刻，赞叹"意象奇特新鲜"。一九八七年有机会受派中国作协率团访菲律宾，流沙河凭他阅读罗门诗的知识，专程去了一趟"麦坚利堡"，一则凭吊死难者，二则徜徉诗境。多年后他有回忆——

> 到了八十年代我年纪很大了，也都可以出国了，这种记忆依然在起作用。我两次随中国作家代表团出访，一次作为团员、一次是团长。作为团长那次是到菲律宾。去之前我就知道菲律宾马尼拉南郊有个美军墓园，在太平洋战争中美军牺牲的七万人，有二万五千零七百多人埋葬在这里……到后来第二天我们就要走了，每个人包包里都还揣得有几百个比索，那天下午我就说"今

---

① 罗门：《罗门诗选》，洪范书店，1984年版，第11~12页。

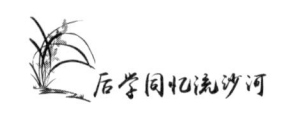

天下午放假,各位同志你们要采购什么的赶快去"。等大家走了,我就一个人找到当地一个写诗的华侨叫李云鹤(音),请他带我去。他说"可以,可以……"在我们这边的人里,我是第一个去的。①

流沙河在墓地辨识碑文,他的英文基础很好,发现了兴许人所不知的"秘密"——

到了那块碑前上面刻的文字又一次使我震惊:"这里躺着我们十八个战友,由于他们身体的部位已难以互相区别,因此让他们在这里一起长眠"——这是那些身体被炸成碎块、难以区别这块是张三的、那块是李四的,只晓得是这十八个人。如果喊我来管,干脆刨18个坑,每个坑里弄一点进去不就了事了?结果别人不。就是说人死了都不要欺骗他,不能欺骗死者,要让他死后都能够真实。这些都使我感动。离开时偌大一个墓园只有我和我的菲律宾朋友,在黄昏的夕照之下依依不舍。最后我去看它那个纪念窗、纪念图,比这个墙还高。其中有一张图,地图上画的是从中国内陆、从四川画了一个红色箭头,越过整个中国、越过黄海直插东京——这就是画的我修过的广汉机场,从那里500架

---

① 本段及下段引文据流沙河二〇〇五年成都图书馆讲座纪录稿整理,主题为"抗战时候美国与我们并我的见闻"。

B-29去轰炸日本东京的示意图！看到这张图我一下子泪洒衣襟，因为我修过它的跑道，这跟我有关！

不是"过来人"，没有经历过战争"国破山河在"的艰危，很难理解流沙河先生的这份感情。我于九十年代前后不时去他家座谈，有一次他就指着墙上的照片，对我详述他的那次墓园之行以及他的少年记忆，我清楚地看到他的双眼由红润到溢出两颗浑浊的老泪。我不知流沙河与罗门平生有没有会晤过，有没有过一面之缘，应该是没有（据台湾学者友人刘正伟说，罗门中年后患有孤僻症，畏见生人，也不愿远行），但罗门这类题材的作品对流沙河的影响是显而易见的。

所以我说，流沙河与台湾现代派诗人，交往最密切的是余光中，而除了余氏，罗门应该是他终生难忘的一位诗人，《麦坚利堡》对他的触动尤深。海峡两岸余、罗、流这三位从战争硝烟中走过来并对抗战题材都有所贡献的著名诗人，近年都年迈体衰相继过世了。套用流沙河先生于墓园识别的一段碑文，似乎也可形容他们曾经有过的文学追求、创作经历——

长眠在此崇高的光辉中
一位武装的同志，只有上帝认识他

二〇二三年二月二十四日星期五于四川大学叹凤楼

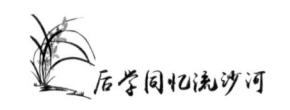

唁　函

四川省作家协会并流沙河先生亲属：

　　我们惊悉流沙河先生因病不治去世，离开了他一生热爱的祖国、乡邦、亲谊与文学工作，不禁震痛哀惋之至。魏文："日月逝于上，体貌衰于下，忽然与万物迁化，斯志士之大痛也！"正是描写我们此时的心情。

　　流沙河先生早年投身民族解放进步文化事业，一九四九年以优异成绩考入我校（四川大学）农科专业就读，后因新中国建设与其个人志向，肄业从事报刊文艺编辑与文学创作工作。流沙河先生是我们尊敬的老校友，他生前与我院张默生、林如稷、唐正序、尹在勤、王世德等诸教授相识交善，多有与会交流。他多次莅临我院学术讲座并参加研究生学位论文答辩，担任评委主任，订正论文稿，不辞辛劳，不拒钉铛之屑，凡有求先生者，即使一青年学生前去问学，也有求必应，答恐不细。旅台诗人余光中先生等一行来我院学术讲坛交流，先生陪同在侧，"导夫先路"，盖先生心中有乡邦，有学问，有赤子之情。

　　流沙河先生经历人生坎坷曲折，"虽九死其犹未悔"，一直在追求真善美的道路上勤力前行。在文学创作、评论以及文化、文字学研究等诸多方面颇有建树，成绩为世所瞩目，他对成都历史的生动书写，更赢得广大读者的普遍好评，甚至共和国总理的喜爱收藏。流沙河先生不愧为巴蜀历史的一部活字典，成都市的一道风景线，一位地标式的人物。

　　我们在悼念与缅怀先生的崇正人品、学问文章之外，要继承先生的文教精神，爝火不息，为光不止，勇于开创，培养新秀，以使先生精神发扬光大。祈请节哀顺变。

　　流沙河先生安息！

四川大学文学与新闻学院《华文文学评论》
二〇一九年十一月二十三日夜，张放执笔

侃侃而谈的流沙河先生

第二编 初读钞

龚明德与流沙河先生

流沙河的字学蒙本

题目中,"字学"指中国古汉字的学问、"蒙本"指少年儿童读书使用的发蒙课本。二〇一二年七月十三日,流沙河为该年九月由新星出版社印行的十六开硬精装《白鱼解字(稿本)》写下《自序》,回忆了他的中国古汉字研究缘起,照录如下。

事情因缘于六十八年前,我国抗日战争末期,小子坐在泥地茅盖的教室里(那时刚上初中一期)。成都来的国文老师刘兰坡先生手持一炷香,快步走进来,登上讲台去,向我们一鞠躬,轻声说:"我是燃香而来,望诸君努力。"

刘老师自作主张,要教初中娃娃古文字学。课本乃清代王筠《字学蒙求》。这本书很薄。到此我才知道,有一部书《说文解字》,东汉许慎著的。刘老师说太深,娃娃读不懂(现代大学生都读不懂),所以只好读《字学蒙求》。那时我在班上算是小毛头,坐前面第二排,不敢不老老实实听课。这一听,竟觉得太有趣。原来一个汉字就像一台机器,能拆解成零件二三。零件组装配搭各异,

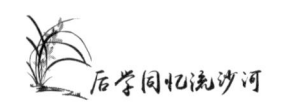

造出许多不相同的汉字，正如小孩玩拼凑七巧板。这本薄薄的蒙求书，是年暑假期间自学读完。从此播种心田，数十年萌芽，结了一枚瘪果《流沙河认字》，报答恩师的一炷香。"薪尽火传"这回说到自己身上来了。

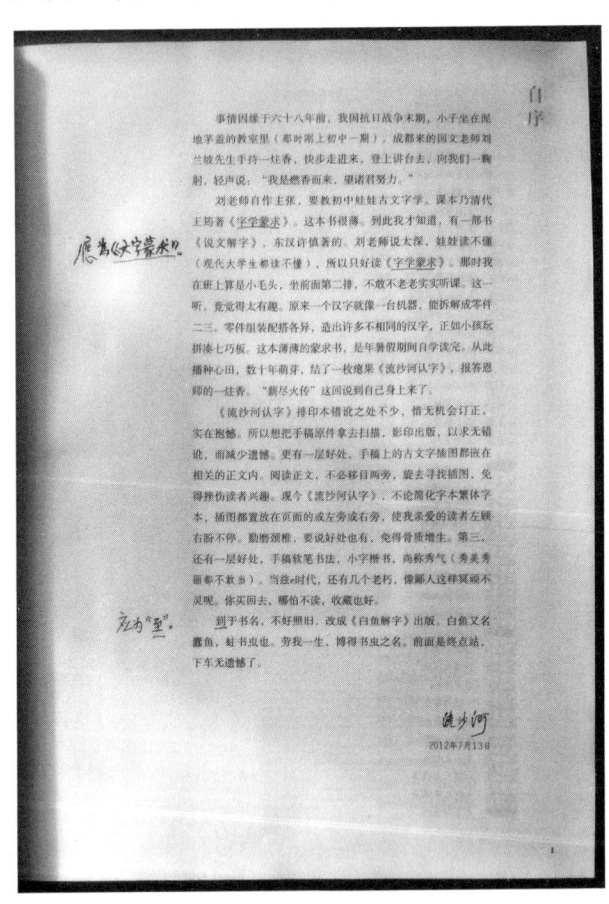

《白鱼解字（稿本）》自序

流沙河在这篇《自序》中所说的《流沙河认字》，指二〇一〇年四月由北京的现代出版社印行的简体字排印本，此书后来又在香港的商务印书馆于二〇一一年六月印行了繁体字排印本。为什么一定要印"稿本"，流沙河在上录那篇《自序》中也有交代：是因为排印本"错讹不少"，"实在抱憾"，只好"把手稿拿去扫描，影印出版，以求无错讹，而减少遗憾"。为什么要改掉原先的《流沙河认字》的书名？流沙河说："至于书名，不好照旧，改成《白鱼解字》。"就在这个"稿本"短短的《自序》里，排版录入时把"至于"错成了"到于"，这是使用五笔输入法出现的键误选字差错，校对人员没有看出来给予改正，不知后来的多次重印这一处"到于"改成了"至于"没有。

厚达四百多页的《白鱼解字（稿本）》之《自序》中，前录片段两次提及王筠的"《字学蒙求》"，如果按"《字学蒙求》"这个书名去找这本书，肯定是找不到的。当年"成都来的国文老师刘兰坡先生"给流沙河们"初中一期"那一班教"古文字学"使用的发蒙课本，准确的书名叫《文字蒙求》。我们幸运地弄到了一九四一年一月由中华书局据清刻本影印的这本书，分"上册"和"下册"，不知道是否就是少年流沙河们上课使用的那一种。该书在年份上倒是完全吻合，应该就是刘兰坡老师使用的那种，因为这是列入"初中学生文库"的图书之一，正好可以选做课堂上使用的教本。

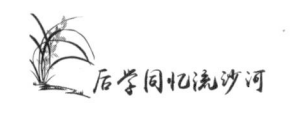

《文字蒙求》封面

　　这本"很薄"的《文字蒙求》，作者王筠。此书最初勘刻于道光十八年即一八三九年，距流沙河"上初中一期"的一九四四年上半年，已是近一百〇五年前出版刷印的古老图书了。王筠是山东安丘人，《文字蒙求》并不是他自己从头至尾写就的书稿，而是友人陈山嵋从王筠的一部大型著作《〈说文解字〉释例》二十卷本中，选择一些较为通俗的字说条目加以分类编排成的一本小书。陈山嵋在《文字蒙求》卷尾的《跋》中有比较详细的交代，照录如下，标点是我补加的。

右《文字蒙求》一书，箓友同年为余所辑录也。箓友于《说文》之学融会贯通，凡所折衷悉有依据，著有《释例》二十卷，将以问世。余以其书非初学所能读也，强使条分缕析，汇为此书。虽云绪余而已，沾丐无穷矣。亟梓之以公同好，将见读《说文》者亦将以此导其先路，岂仅足以给童蒙之求哉！

《文字蒙求》跋

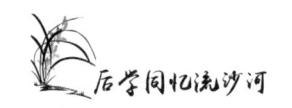

短跋最末署名"益都陈山嵋","益都"即成都的旧称。菉友,应该是王筠的字、号或别名。《文字蒙求》虽然当时是私人刻本,但在雕刻校对刷印程序上,还是中规中矩、有模有样的。我细细浏览了几遍,在整本书中的行文叙说中或者极易被读者忽略的边款角落处,发现了担任该书"初校"的是王筠的"部友"即同事杨承注、担任"复校"的是"兴文朱良箴"即四川省兴文县人朱良箴。至于雕版之前担任"选编"工作的人,前面已交代,就是成都的陈山嵋。陈山嵋,字、号或者别名就是雪堂。流沙河在《白鱼解字(稿本)》的《自序》中说的"汉字就像一台机器,能拆解成零件二三。零件组装配搭各异,造出许多不相同的汉字,正如小孩玩拼凑七巧板",在王筠为《文字蒙求》写的序中找到了源头,就在该书卷首第一页开始一段,补加标点符号后抄录如下。

　　雪堂谓筠曰:"人之不识字也,病于不能分。苟能分一字为数字,则点画必不可以增减,且易记而难忘矣。"

> 雪堂謂翁曰人之不識字也病於不能分苟能分一字爲數字則點畫必不可以增減且易記而難忘矣苟於童蒙時先令知某爲象形某爲指事而會意字即合此二者以成之形聲字即合此三者以成之豈非執簡御繁之法乎惟是象形則有純形有兼意之形有兼聲之形指事則有純事有兼意之形有兼聲意皆兼之形指事則有兼聲意皆兼之事有聲意皆兼之事不可不辨也至於會

《文字蒙求》序

  这已经是非常浅显易懂的文言文了，意思是：这本《文字蒙求》的选编者陈山嵋雪堂同好告诉我，人们认错中国汉字、读错中国汉字，根源就在于对中国汉字的结构没有掌握；如果掌握了每个汉字的具体构造，写的时候笔画就不可能或多或少地写成错别字、念的时候也不可能忘记正确的读音而读错。应该说，《文字蒙求》这本薄薄的工具书，对于少年流沙河影响真是巨大，他

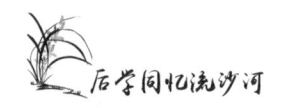

丰富而又极有趣味且成果累累的中国古汉字研究，万变不离其要，就是把王筠在该书自序头几句话的告诫作为研究宗旨的。

王筠的《文字蒙求》共分四卷，也就是如今的四个小单元，即"卷一　象形""卷二　指事""卷三　会意""卷四　形声"。这个分类，在一百八十多年后的今天，也还是没有什么太大的问题的，分得较为精确。

流沙河的汉字研究，已有多种著述公开出版，但至今尚未发现专业人士对其来一个总览的考察和系统的评价。一般的看法，认为对汉字情有独钟的流沙河，在他的研究中常常冒出一些奇思妙想来解读汉字，认为流沙河对汉字的结构分析完全是另辟蹊径，提出了不少新见解。考察流沙河汉字研究方法，有人认为他走的是宋代王安石《字说》那类路子，对《说文解字》那一套学究气十足得甚至有些迂腐的研究规范完全不予理睬。

我个人的看法，流沙河的中国古汉字研究肯定有独特的贡献，以他丰富的博杂阅历和智慧的诗性解读把这门中国古汉字学引入民间，其这方面的著作之畅销足证他在这个领域的影响力。我曾多次与流沙河当面商谈，怎么给他的中国古汉字学研究定性命名，他认可了我把他的这个写作研究定性为"中国古汉字科普工作"。但是，这个"科普"的要求也是很难达到的。我浏览了不少已经出版的中国古汉字研究专业的著述，整体说来，连哪个字究竟诞生于哪个年代、谁创造的这个字、这个字最早运用于哪本书刊等常识，都还是一笔糊涂账，已经出版了的相关工具书也是模棱两可的叙说者多，真正落到实处的定论少之又少，怎么去弄更深层次的研究探讨呢？何况流沙河并不是专业的这方面的学人，他从来也没有得到过文字学研究的所谓来自国家的基金赞助，纯粹是义务奉献、加班劳作。

然而，流沙河对中国古汉字乃至于所有已成型的中国汉字，真是"情有独钟"。我亲眼多次见他与来访者交谈，总爱问对方姓什么，如果对方姓"陈"他就会说"你这个'陈'是左包耳和东构成的，左包耳的意思是山坡"、如果对方姓"田"他就会说"你这个'田'不是种田的田，三千五百年前就有这个甲骨文了，根本与农业无关，是打猎，就是四面包围、纵横搜索，是动词不是名词"。倘若有纸有笔，他马上就要把他的意思用图像或者字幅写给你看，详细讲解外加现场板书。

王筠的《文字蒙求》，给十多岁的少年流沙河播下了种子，引发了他研究中国古汉字的浓厚兴趣，这种子在流沙河的晚年终于长成了一棵又一棵的大树，终于迎来了丰盛的收成。流沙河谦逊地称他这些收成是"瘪果"。真希望中国古汉字研究界的专业人员，能有专人来细细考察流沙河的已经出版了的这些文字学著作，看看他的这些研究有没有具体新贡献：有哪些是"戏说"、有哪些是别人研究成果的引用、有哪些是基本通俗常识的转述、有哪些是言前人所未言进而推动了某个小领域的研究进度……当然，目前的社会，急于诉说者随处可见，而耐心地倾听对方诉说的人几乎绝迹，急于向人展示自己的"重大成果"而毫无兴趣去细细欣赏别人的劳动成果的现象已经相当普遍，这也是无可奈何的。

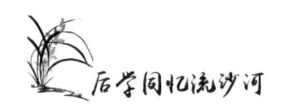

流沙河题写"弘毅"

流沙河在生命最后六整年反复查阅使用的三十二开"大字本"《新华字典》,是二〇一二年十月由商务印书馆在北京"第31次"印刷的十万册中的一册。在这部《新华字典》扉页贴有一个字条:"流沙河题　弘毅"。这"弘毅"不是手写在白纸上的字,而是一份印刷的报章刊头,其背面就是一篇文章的排字局部印件。

这"弘毅"两个毛笔字,稳重、匀称,庄严中透出秀雅,但这究竟是一份什么单位的报章呢?

有幸找见一份这报章,而且还是"创刊号",编为"总1号",是四开本如同《参考消息》那么大小的一份内部报章,由北京师范大学成都实验中学主编,共四版:第一版为"综合新闻"、第二版和第三版为"校内新闻"、第四版为"洛曦文学"也就是副刊版,还算中规中矩的一份报章。

这份内部报章为什么一定要请流沙河题写报头?笼统地说是为了"名人效应",自然也讲得过去。但具体到这份报章,真还有具体的内在因缘。

据流沙河自己一九八一年七月二十四日在成都写定的《流沙

河自传》中所述，他是"一九四七年春季离开老家，入四川省立成都中学（高中部）"的，到一九四九年秋季他完成高中学业"以高中五期学历跳考四川大学农业化学系，以该系第一名的优良成绩被录取"。但是，虽然已经是川大学生，流沙河"入学后不去听课，只写东西，结交校外的文学青年。年底，喜迎成都解放"。也就是说，流沙河真正意义上的最后一所坐在教室里读过几年时间书的母校，并不是四川大学，而是"四川省立成都中学（高中部）"。

这个"四川省立成都中学（高中部）"，就是创办《弘毅学苑》内刊的"北京师范大学成都实验中学"的前身。《弘毅学苑》创刊号第四版在《校友飞鸿》栏目中重新发表了流沙河对"四川省立成都中学（高中部）"印象最深的一段记忆，生动具体，抄录供赏。

　　短暂的少年游一晃而过，该我到五世同堂街省立成都中学看榜了。当年报考省成中高二十三班者上千人，榜上有名者不过七十几人。十几人中取一名，其难可知。我有把握，看榜不慌。入学校后，七十几人分成甲乙两班。到第三期，两个班压缩成一个班，成绩差的或留级或默退。默退者皆三科不及格，成绩单上注明"下期毋庸来校"，请你自便。残酷的淘汰制保证了学业的高水平，同时大大减轻了校方的管教工作。学生明白课程严峻，不敢晃兮忽兮，生怕默退。老师全力投入讲课，不必苦口婆心劝你努力求学，更不用做所谓思想工

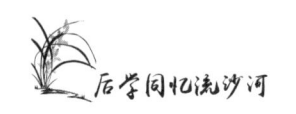

作。你不来上课，你自己负责。那是你的事，与老师何干。早晨操场拥挤，诵读课文。夜晚教室肃静，赶做习题。用不着校方管，学生自然勤奋，此乃无为而治。当时本校与石室、树德、成县中同列为四大名校。尤其可取者，本校最是自由主义。除了"新毛桃"必须帽服整齐，领章、皮带、绑腿半月之内不可或缺以外，余则听便，露头、长袍、便衫、短裤、拖鞋，皆可以的。蓄发不禁，不必像树德一样剃光头。吸烟亦行，但不能在课堂上吸。最惊人也最可取的是自由到了谢绝老师监考。此乃校园奇迹，大可骄傲。宜详述之，昭示来者。

期末考试，各级同学混合编座，使你坐在考场，前后左右一看，皆非同级，无从"交流"。若敢挟带作弊犯规，被同学发现了，当天让你滚出校门。就算校长是你舅舅，他也保不住你。你爸爸是大官，同样无济于事，因为校方迫于全校学生压力，不敢不开除。总之，考场犯规，你必完蛋。我这人太胆小，当"新毛桃"那学期的期末考试，置身考场之中，不敢左顾右盼，不敢抬头，怕被误会，吓得尿湿了裤子。考场出口放置讲桌一张，试卷交到桌上，依次叠成一摞。只有本校杂役熊福山坐在桌后守护着试卷，盯紧卷叠，不盯学生。学生有强烈的荣誉感，老师都不来盯，熊杂役岂敢盯哉？学生交卷，步出考场以后，就不能再入场，更不能动试卷。否则犯规，等同作弊。那些考得好的，出场面有喜色。考得差的忐忑不安，愁眉苦脸。拿不稳的赶快翻书查看，或是请教他人。还有些极狠的，做完了不交卷，坐在那里再三检查，务必做到完满无憾，非吃百分不可。本校学生十之九是外县来的。成都市的学童多半家境优越，贪耍好玩，不能苦学，能考入本校的很少很少。外县学生多小地主小职员家庭出身，勤俭惯了，深知家长筹集学费维艰，若考试不及格，有何面目见堂上双亲。更不用说考场作弊被开除了，那是终身羞耻，所以同学不敢作弊。不但不敢，还怕举止失当，被人疑为作弊自招大祸。此种心态，积若干年，形成校风。良好校风远播于外，反馈成学生的荣誉感，视监考为耻辱，乃自振作，互相监督，形成传统。这种极可贵的传统，一旦玉碎，再难黏合，任你美金百万，也琢造不出来。

　　回忆起来，我目睹的"作弊"仅有一次。惹大祸的同学姓杨，郫县人，和我同级，那天又被编座位于同一考场。上午考化学。五道题任选四题，每题二十五分，四题对了一百分。杨同学四道题做完了，本该交卷大吉。但他属于我在前面说的那类狠人，得陇望蜀，又细审第五题。也怪他平时学业太好了，这第五题显然也做得出。于是技痒难忍，就给做了。交卷之时，心中得意，自不必说。步出考场之后，忽然察觉第五题的答案有误。求的既然是气体体积，就该是立方，而他错写成平方了。语云："福至心灵，祸来神昧。"杨同学只昧了半分钟，急返考场，展开考卷，改2为3，殊不知这样就犯规了。当时众目睽睽，满场惊诧，视为作弊，鼓噪

起来。高班次同学义愤填膺,认为这是坏我优良校风。同级同学认为有损我班之荣誉,一个螺蛳臭了一锅汤,都恨他。各级同学喧哗,认为奇耻大辱,必须当场湔雪,跑去围着他,痛加斥责。另一群同学去替他收拾行李被盖卷,然后集体面见校长,要求当天挂牌开除学籍,赶出校门。校长拗不过汹汹的舆情,只好俯顺。当天下午,杨同学提着行李,背着被盖卷,痛苦出校门,回郫县去了。此属错案,但是不开除也不行。不开除,游戏规则就难以维系下去了。斩一趾全一脚,事有不得已,虽然我同情杨同学。

流沙河回忆高中时光

应该说，《弘毅学苑》这份内刊的主事者，真还算得上是精通"名人效应"的，上录流沙河回忆他的"四川省立成都中学（高中部）"的精彩片段，被用于第四版副刊的压卷之显眼地位，在第一版头条位置的《创刊寄语》中又简明扼要地交代了流沙河题写"弘毅"二字的经过。查阅相关记载，再联系这则《创刊寄语》，流沙河题写"弘毅"二字的原委，也一清二楚了。

该所"北京师范大学成都实验中学"时任"刘校长"即《创刊寄语》的署名者刘增利等人，于二〇〇八年九月十二日，即这一年中秋节前，来到流沙河当时居住的成都市大慈寺路三十号四川省文联宿舍，敲开"余宅"大门，给"著名校友"送来中秋月饼等"节礼"，顺便，不！其实应该说就是特意地来向流沙河请求题字，流沙河听罢，立即转身进入书房，拿出毛笔，一挥而就，写了"弘毅"两个字。

刘增利们也利索，赶紧组稿、写稿、编排、印刷，三个多月后，一份四个版面的校刊（估计是月报）《弘毅学苑》创刊问世。

为什么要把这份"内部刊物"取名为"弘毅学苑"？署名"刘增利"的《创刊寄语》也有说明。作为时任校长，刘增利"想到北师大成都实验中学六年发展的艰难"，感慨到"天将降大任于斯人也，必先苦其心志，劳其筋骨，饿其体肤，空乏其身……"为了经得起"考验"，要做足磨炼意志的准备。刘校长进而记起曾子名言"士不可以不弘毅，任重而道远"，取其中"弘毅"二字嵌入校报，表达了"抱负远大，意志坚强"的胸怀和决心，"既是对这所百年老校文化精神的传承，也是对新校艰苦创业精神的写照"。紧接着，刘校长精神振奋，正气昂扬地在

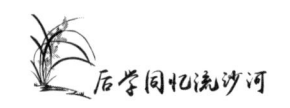

《创刊寄语》中高声呼吁:"教育乃百年大计,学校乃育人圣地,我们会在'弘毅'精神的引领下携手前行!"

流沙河在自己反复查阅使用的"大字本"《新华字典》的扉页,贴上自己的手迹字条"弘毅",也可以说有两方面的意义:一是老人家觉得这两个字写得还经得住看,用他常对我说过的话就是此二字写得"稳当";二是这个"弘毅"的含义随时能够激励自己在晚年体衰的状况下,仍然奋进,不忘一个文化人的使命。当然,这也只是我的臆测。

流沙河书法-书不负我

流沙河的笔名

巨卷《中国现代文学作者笔名录》一九八八年十二月由湖南文艺出版社印行，编者是很认真的学者，但第五百七十七页"流沙河"条目却等于没有内容，照录如下。

流沙河（1931.11.11. — ）四川金堂人
原名：余勋坦。

卒年现在可以补入"2019.11.23."，但"原名"余勋坦的这位"文学作者"除传世笔名"流沙河"外还用过哪些笔名呢？弄清楚这个小小问题其作用倒是不小，比如编印出版《流沙河全集》、撰写详尽的《流沙河年谱》和《流沙河著译编目》就离不开这个小工程全面准确的成果。

从流沙河自述中得知他的笔名最初是"流沙"，后来因为发现已经有人用过这个笔名，于是增补一个"河"字成"流沙河"。那时他尚未读过《西游记》，不知道此"流沙河"是恶水之名。但"流沙"究竟最早用于发表什么作品，却无人去调研，流沙河自己也没有具体释说过。查阅旧报刊，得见一九四九年八月十八

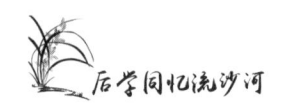

日成都《建设日报》副刊《指向》载有署名"流沙"的短诗《渡》，三节共十一行。这个副刊的编者木斧就是我在四川文艺出版社工作时的老领导杨莽，我曾请教过杨老师，他确认流沙《渡》是经他之手才发表的，而且"流沙"确属余勋坦当时投稿署用的笔名。

写于一九八一年七月二十四日的《流沙河自传》，收在次年十二月上海文艺出版社初版印行的《流沙河诗集》卷首，其中说："当时成都有一家进步的《西方日报》，报社里有好些地下党的同志在工作。一九四八年秋季我向该报投稿，报道校园生活，多次刊用。在该报副刊上发表了我的第一个短篇小说《折扣》，侧写一位老师的困苦生活。说来惭愧，构思借自二十年代女作家黄庐隐的一个短篇小说，只能算是摹拟之作。"查阅此旧报，这篇《折扣》仅六百八十多个字，署名"雪影"，刊于一九四八年十二月二十七日成都《西方日报》副刊《西苑》。该作品文后落款为"十二，二十一，于省立××中学"，"省立××中学"即《流沙河自传》里的"四川省立成都中学"，流沙河当时就读于该校高中部。有趣的是，在流沙河参与编辑《星星》诗刊的时段，已经发现这家月刊一九八二年的十一月、十二月和一九八三年十月均有署名"雪影"的多首新诗，或发表在"新星"栏，或干脆发表在"女作者之页"栏。这是一个笔名疑案，究竟另有"雪影"其人，还是流沙河这位编者在开玩笑地"制造笔名悬案"，与以后的研究者做智力游戏？待考，尤其是要找到流沙河这些署名的诗作手稿，才能定论。

成都《草地》月刊一九五七年六月号发表过署名"绿芳"

的《也谈〈有的人〉》，反右时四川省文联编印的《四川省文艺界大鸣大放大争集》第二百三十七页明确指出这个"绿芳"就是流沙河，虽含有恶意揭发的用意，却落实了流沙河的再一个笔名。

谭兴国生前自印的《草木篇事件的前前后后》第九十六页，揭示《星星》总第二期上的《我对着金丝雀观看了好久》是流沙河的诗作，这首诗署名"长风"。无疑，这个"长风"亦为流沙河笔名。循此，一九五七年第六期《星星》发表的署名"长风"的《峡谷灯火（外1首）》、一九八一年第六期《星星》发表的署名"长风"的新诗《榆钱》，当然也是流沙河的作品。容易让不熟悉流沙河笔名详况的读者迷糊的情况也多，如一九八七年第十二期《星星》诗歌月刊重发一组《星星三十年抒情短诗佳作选》同时收入署名"流沙河"和"长风"的作品，就该注明一下，这个"长风"就是流沙河。此《星星三十年抒情短诗佳作选》收入的署名"长风"的诗为《步步高升》，正是反右运动时饱受批判的流沙河诗作之一。

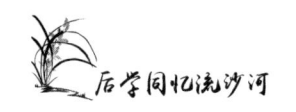

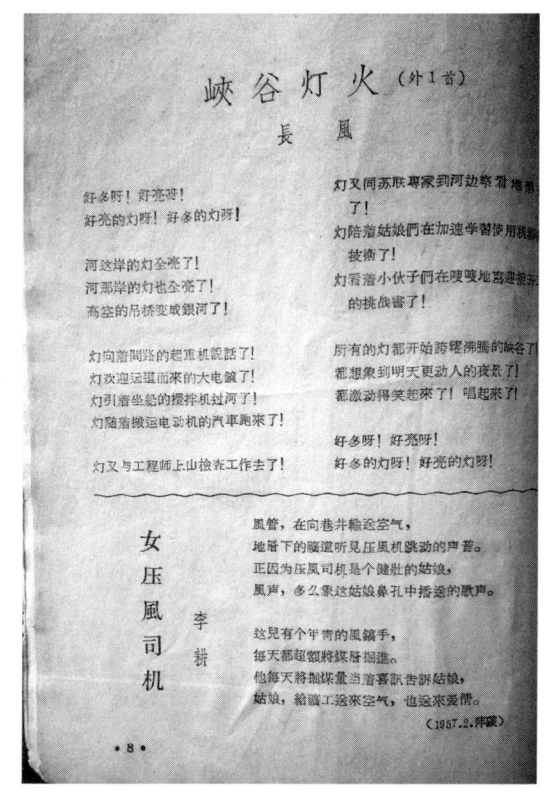

流沙河署名"长风"的诗作

　　流沙河有一篇自述《我的交代》，写于一九五七年八月，其中写道：在《星星》总第四期上，"我化名陶任先发了《风向针》"。《风向针》是一首短诗，流沙河当时的自述当然是铁定的史实。更有趣的是，在"陶任先"之后流沙河加了一个括注"即'讨人嫌'的谐音"。这个"陶任先"的笔名，《星星》复刊后，流沙河以编辑的身份在该刊《诗歌服务台》写答读者问时还使用过，在文末用括注另行印出"解答者：陶任先"。

供职《星星》复刊后的时段，流沙河除了用传世笔名发表大量文章，也用新的笔名至少在《星星》上陆续还发表了不少东西。已经查证了的，比如用"张弛"的笔名发表《听流沙河讲诗》，就是明显一例。署名"张弛"的《听流沙河讲诗》，虚拟"对话人"三个即"小孙""大钱""老赵"，开头的介绍"对话人"便是流沙河的典型文风："小孙：初学写作者　大钱：'吹毛求疵'者　老赵：'不偏不倚'者"。再细读全文，尤其对流沙河作品短项的放肆评说，既生动准确又入木三分，"骂亦精"，非流沙河自己，无人可以写出。

在《星星》复刊后，署名"沈美兰"对"台岛女诗人"新诗等作品的赏析短文都是出自流沙河之手。"沈美兰"者，即"欣赏这些美好诗歌的，是一个男人"。四川方言中，鼻音、边音没有严格的区别，"男"和"兰"是一个读音。

流沙河的笔名还有哪些，随着研究的深入，将会有新的增补。可以断定，上述八个绝不会是流沙河使用过的全部笔名。比如，在一九七二年九月十二日的日记中，他写道"我从前用笔名也姓过林"，就是一个线索，也又多出一个笔名。但是，确定这一个"姓过林"的"笔名"要付出的劳动量会有多大，真是无法预测。

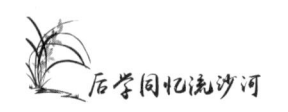

西戎慧眼识河

名牌老杂志双月刊《随笔》二〇一二年第六期（总第二百〇三期）发表了一篇题为《流沙河与山西》的文章，该文作者是写作高手。但这篇文章全文引录的流沙河一封书信，不知什么原因，信末删去了时间，让读者觉得此信的写作与文中叙说的"1988年年底"那时"山西作协换届"在同一时段。其实，这一封信不是一九八八年底写的。

这篇《流沙河与山西》中写道：

1988年年底，西戎遭遇了人生一次重磅打击。

这年山西作协换届。省委领导上门谈话，劝慰西戎连任主席。山西一茬青年作家也纷纷拜师，表示拥护老主席连任。西戎自以为连任应该没有问题，一直到投票前，依然稳坐钓鱼台安然自得。不料一经投票，风云变色。原来省委谈话，青年作家表态，都是缓兵之计，暗地里早已酝酿好了人选，只等待投票时亮底一锤子定音。一批青年作家阵前倒戈，西戎落选。

跳过两个自然段的山西省作代会选该省作协副主席的介绍后，文章便是"流沙河得到消息，生怕自己的恩师想不开，连忙来信安慰"，再下即抄录删去写作时间和错漏了六七处的流沙河全信。抄录的这封流沙河书信手迹，就影印在二〇一二年十一月山西人民出版社印行的《西戎图传》第一百二十一页，占了一个整页，写作时间本来明明白白地写着"一九九一年七月二十一日"，是一九八八年底"山西作协换届"近三年之后的事了。

青年时期的流沙河-摄于天安门前

西戎吾师：

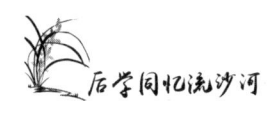

昨日唐正学同志冒酷暑来会下面交大札，並述及吾师近况以及落选一事。知吾师光明心境被人戏弄，古人所谓君子可欺也，愤懑难平，谨具函慰问，並陈说一二。

吾师淡薄名利，前在川後在晋，曾被青年文士，多方照顾引导，人所共睹。尤予所不忘者也。无论为党为文，堪稱无悔无愧。自吾师离川文联，迄今四十年，闻人多矣，未见过如

吾师者。一心與人为善，毫不計較爵禄，並文名亦淡笑视之，不企不求，乐天以自处，予仰慕而终不及也。清流浊流，各有去向，文坛自古如是，受排擠何甞不是劃清界限，於吾师是得也，非失也，何不趁此優哉遊哉，寫些回忆文字，垂儀来者。所謂作協工作，以予浅见，實興文運興衰无涉，不做也可。掛冠而去，不須惆悵，此予為吾师賀也。

光陰荏苒，予已兩見羊年辛
怕沒，老友數人唱茶。蓄叩

伏安
流沙河頓首七月二十一日
一九九一年

未，鄒辦退矣。五月感者作代

吾师者，一心與人为善，毫不會，知其太濁，予未参如。聞恁会上拉票搶權醜態百出，推翻業組書記又似文革奇推再版，尚有半分文人氣息耶。做聲以梏子曾技加商品新招，太不像話，予惟遠遠避之而已。破選予副主席，亦不去奏热闸，日開門讀書自娱，濟世素願早已破滅，遁而求潔身自保，何潔準備建去（所以已協謝雜詩）。小免余已鲑尼港已四年多。小女如做工人已二年泉照顾我，心境

流沙河书信手迹

84

西戎吾师：

昨日唐正学同志冒酷暑来舍下面交大札，并述及吾师近况以及落选一事。知吾师光明心境被人戏弄，古人所谓君子可欺也，愤懑难平，谨具函慰问，并陈说一二。

吾师淡薄名利，前在川，后在晋，奖掖青年文士，多方照顾引导，人所共睹，尤予所不忘者也。无论为党为文，堪称无悔无愧。自吾师离川文联，迄今四十年，阅人多矣，未见过如吾师者。一心与人为善，毫不计较爵禄，并文名亦淡然视之，不企不求，乐天以自处，予仰慕而终不及也。清流浊流，各有去向，文坛自古如是。受排挤何尝不是划清界限，于吾师是得也，非失也。何不趁此优哉游哉，写些回忆文字，垂仪来者。所谓作协工作，以予浅见，实与文运兴衰无涉，不做也可。挂冠而去，不须怅怀，此予为吾师贺也。

光阴荏苒，予已两见羊年辛未，即将退矣。五月底省作代会，知其太浊，予未参加。闻悉会上拉票抢权丑态百出，推翻党组书记又似文革夺权再版，尚有半分文人气息耶。彼辈以棍子旧技加商品新招，太不像话，予惟远避之而已。硬选予副主席，亦不去凑热闹，日日闭门读书自娱。济世宏愿早已破灭，退而求洁身自保。小女余蝉居港已四年多。何洁准备迁去（所以已协议离婚）。小儿余鲲做工人已二年兼照顾我。心境恬淡，老

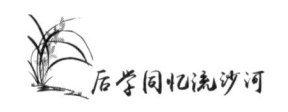

友数人喝茶。　　恭叩

伏安

流沙河顿首

一九九一年七月二十一日

分析流沙河这封书信正文开头一句，得知西戎其实就是为了确保从太原来成都的唐正学能顺利见到流沙河，才临时写信"述及"自己的"近况"以及近三年前他山西省作协主席"落选一事"让其携信"面交"受信者的。查流沙河私人记录，一九九一年，七月二十日载曰："下午傅吉石及其《四川工人日报》领导人引《工人日报》山西记者站持西戎介绍信名唐正学（峨边人）来访。知西戎安康，省作协大会被焦祖尧等人运动选举弄下台，遂闲置。"

事过境迁，我这个局外人来审视，无论西戎还是流沙河都把一九八八年底山西省作协主席换届导致西戎不再担任主席一职的事"严重化"了，其实就属于新老山西省作协领导交替换班的惯例行为。西戎自一九七八年五月起，到他六十六岁时的一九八八年十一月，一直担任山西省作协主席，一九八〇年四月已经连任一届，他的本意是想继续连任第三个五年，所云"被焦祖尧等人运动选举弄下台，遂闲置"仅仅是西戎的心态或流沙河的过度分析而已，事实究竟是如何，没有弄清的必要，新人取代老人，很正常的人类生活形式。

接待唐正学次日，流沙河写的长信也是出于人之常情，倾情安抚老领导西戎前辈，他没在这天的私人记录本上载录给西戎写信这一件事。所幸的是，得以见到西戎读了上录流沙河一九九一年七月二十一日信后，于二十六日收信后给流沙河写的回信，这是重要的有来信、有回复的一手文献史料，不做任何改动订正，按书信手迹照录如下。

流沙河同志：

您好。接读来信，说不出是一种什么心情。看来你还是我心目中的老样子：对事业严谨，对生活淡泊，对朋友诚挚。你一点儿也未变。

谢谢你的开导关怀。不愉快的事，早已从心头抹去。山西作代会虽然使我意外，但我并不为此而烦恼。我也乐于让年轻人上来挑此重担。目前我的处境很好，无忧无虑，除参加一些非参加不可的社会活动（省人大两月一次立法例会），大量时间闭门读书，有时仍免不了有人送稿求教，我当然不会拒绝。我生性喜静，全国作协组织赴外地参观，我无多少兴趣。待明年省人大换届选举，即退下来办理离休。从一个放牛娃而到作家，知足者常乐，我以为此生足矣！

对你，我时时都在挂念：身体不好，家庭亦不美满，所幸这一切并未影响你在事业上的执着追求，你终于获得了成功，在中国文坛上，留下了一串闪光的足迹，令我欣慰。

你还年轻，文学的功底比我深厚，望能再接再励，拿出新成果。妻子离去以后，望能善自珍摄！

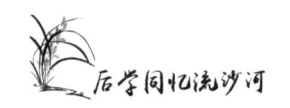

我在 1989 年写过一篇散文，抒发了我的一些隐在心底的复杂感情。影印一份，寄你一读。

谨颂

撰安

西戎

七月廿六日

流沙河与西戎

套用西戎这封回信中的一些话，也可以一样地评说他对流沙河的关心"还是"三十多年前流沙河"心目中的老样子"。流沙河一九八六年十二月下旬写过一篇比较长的《西戎印象记》，最初发表于次年的《青年作家》，收入一九九五年一月群众出版社印行的单行本《南窗笑笑录》，该文有九千字，在流沙河已有的单篇文章中，要算最长的了。这篇文章，详尽地记述了西戎发现他、带领他和保护他的整个过程。这里，我们只介绍西戎怎样发现流沙河的。没读过这文章的读者，或许会惊讶：原来流沙河这位非常优雅的学者和诗人最早被发现，还是延安来的解放区进步作家西戎的功劳。

一九五〇年七月至九月初，十九岁的流沙河先在金堂县淮口镇女子小学教书，不久又去淮口区黄家场长梁子乡村小学。在这不满两个月的小学教师生涯中，流沙河向《川西日报》副刊投稿三篇，有诗有小说有曲艺，都被采用了。副刊组的组长西戎决定调流沙河到报社来做编辑工作。他叫编发流沙河三篇文章的编辑萧青以他的名义写封信，问流沙河"愿意不愿意到报社来参加工作"。正向往着"作家"美梦的流沙河在邮局取到这封信的时间是一九五〇年九月三日上午，"快乐如猴"地立即向淮口区文教局负责人"请求准许辞职，放我到成都去'参加革命'"。负责人也干脆，"站在街心阅过来函，当场爽快同意"流沙河辞去小学教师职务。次日流沙河就从淮口赶回金堂县城，夜宿老家。九月五日清早，流沙河于其慈母"衣袖擦泪"的感人情景下走出家门。他没有带任何行李，只肩挎一个母亲缝的黄布书包，里面装着他视为"命根子"的"1948年以来的已刊作品剪报"和一本日记。当时，金堂县城到成都没有客车，流沙河步行七个小时，于这天下午一点零五分就到了成都北门。

再找到《川西日报》编辑部，当西戎确定来的这个青年就是流沙河时，他"吃惊，嗨一声，辗然舒眉笑了"。因为，当让女

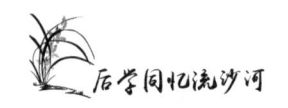

编辑萧青以西戎的名义发走给流沙河的"调令"后，西戎有些后怕，见到流沙河时他坦诚地说："调你来工作的那封信，萧青写的，寄出去后，我才想起你的稿子都是毛笔小楷。我猜测流沙河是一个五六十岁的老头子，老头子的历史可能复杂。糟了，我真后悔。现在好了，看见你了。嗨，你是这个样子！"西戎生于一九二二年十二月初，只比流沙河大九岁，这年也才二十八岁，是个大青年。流沙河呢，十九岁，是个小青年。这一回，连小青年流沙河在当时也觉得"'参加革命'居然这样容易，从此我是《川西日报》的干部了"。

  我在以前怎么也想不到，对传统文化、传统学问热爱了一辈子的优雅、精致的文人兼诗人流沙河，发现他并且"提拔"他的竟然是解放区文学发源地延安来的穷苦农民出身的作家西戎，西戎当年以与马烽合写的通俗小说《吕梁英雄传》名满中国。二〇〇一年一月六日西戎因病医治无效在太原去世，流沙河得知噩耗后以"弟子"的身份书写一联吊唁：

  蜀中晋中一片热心携后辈
  雪里风里两行寒泪哭先生

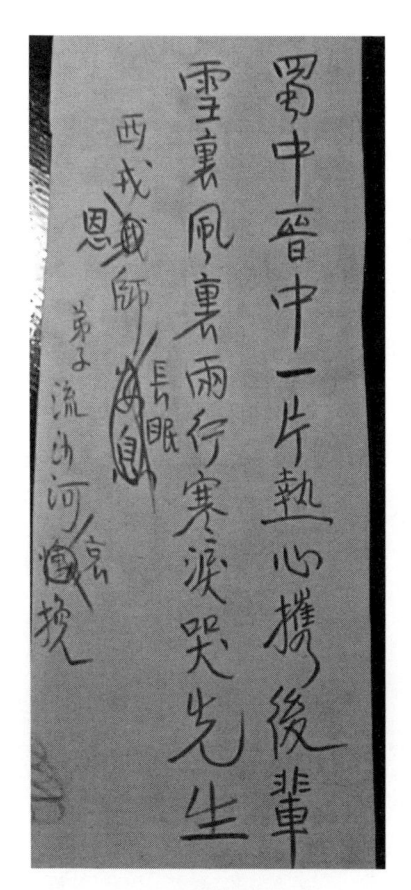

流沙河为西戎所写挽联

  唁联的落款最初是"西戎我师安息",后又改成"西戎恩师长眠",寄托了他自己的"哀挽",真是赤情一腔。

  西戎从一九八七年《青年作家》上细品了流沙河长文《西戎印象记》后,有这样的感受:"而今,流沙河年近半百,已是名噪文坛的大诗人。我们相处的那些日子,他依然能牢记不忘,写

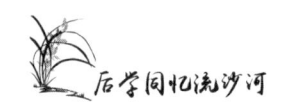

出如此感情真挚的散文，足见其情谊深厚了。他的诗集获奖出版，寄我一册，扉页上题'西戎吾师一笑'，谦甚。……他是我一九四九年随军入川后，一九五〇年在成都结识的第一位有才、有德的文学青年。"

再联系西戎一九九一年七月二十六日给流沙河写回信时对流沙河的赞扬，这位以"解放区作家"闻名的省级文艺主要领导人西戎，真还是一位赏识文学新秀和典雅文化人才的伯乐，而且他的赞扬的话还一定要亲手写出来公之于世。

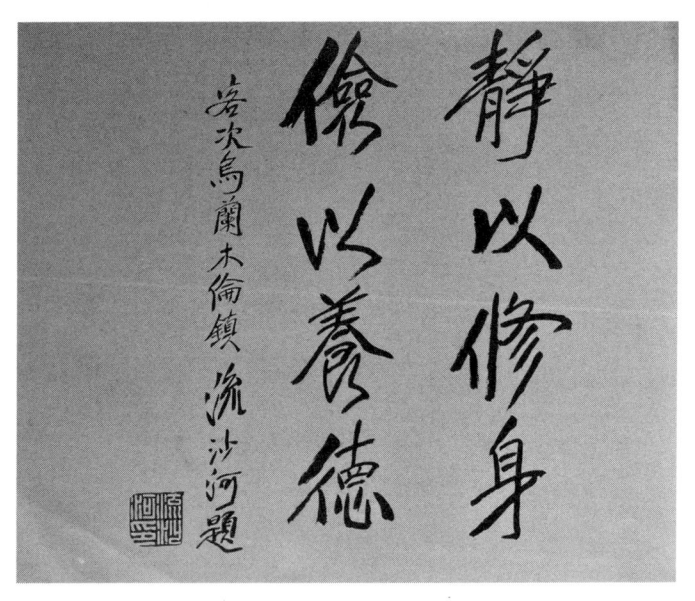

流沙河书法—静以修身 俭以养德

《梅花恋》考实

北京的《人民日报》一九七九年七月四日第六版《战地》副刊第二百三十二期，在右上方显著位置发表了流沙河新诗《梅花恋》，诗作后面没有写作的时间和地点。初次编入上海文艺出版社一九八二年十二月印行的第一版《流沙河诗集》时，该诗末尾补上了写作的时间和地点"1979年暮春在故乡的沱江北岸"。虽然这个写作时间"暮春"有点儿模糊，但可以据此推出一个更为接近准确的时间段。查年历，一九七九年立春是公历二月四日、立夏是五月六日，中国传统四季所说的"春天"便是这三个月：头一个月叫"初春"、第二个月叫"仲春"，最后一个月就是"暮春"。大致匡算，流沙河《梅花恋》就写于这年的四月中下旬，可能更近于下旬。用一个相对稳定的约数，《梅花恋》写于一九七九年五一节前后。

《人民日报》刊载《梅花恋》一诗

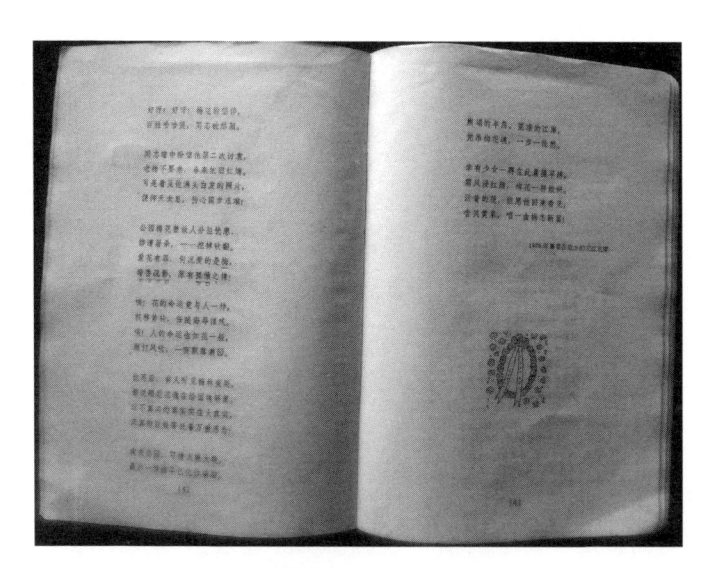

《流沙河诗集》中收录《梅花恋》

　　这是一首以叙事为主的抒情诗，诗中所抒写的主人公从头至尾没有提及姓名，但因为有史沫特莱"给他写传""宽肩挑过一根有名的扁担""柏林遇周恩来，南昌旗展""井冈会毛泽东，星火燎原"等著名史实典型细节，读者一读就知道是写"朱总司令"。全诗共二十节，每节是整齐的十二三字的诗句四行，而且一韵到底，这类诗体一般被称为"格律体"。从作品第三节头一行"二十年前，大雪飘飘的一天"可推知在写这诗之前，流沙河曾走访被朱德的警卫员借用过竹制折椅的老篾工伍永明大爷。从一九七九年倒推，"二十年前"应该是一九五九年。我们去查阅一九八六年十二月人民出版社印行的一卷本《朱德年谱》和中央文献出版社二〇〇六年十一月印行的三卷本《朱德年谱（新编本）》，都没有找到这一时期朱德到过四川

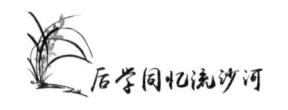

的记载。

伍永明的竹器小店铺，应该就在离梅林公园大门口不远的街道。伍永明制作的竹制折椅由警卫员借去让朱德公园内赏梅时坐过这件事，他肯定在对流沙河讲过的前后，也给不少前来询问此事的人讲过。二〇〇四年八月有一天的《成都日报》就发表过一文报道这事，大意是：据伍永明大爷回忆，二十世纪五十年代末朱德到金堂梅林公园赏花，走累了一时找不到凳子休息，朱德的随行人员听说附近一家竹器店老板伍永明善做竹凳，便想买一把，听说是朱总司令需要，伍永明送给来人一张。因为流沙河采访伍永明时得知，朱德坐了后离开时又把竹凳还给伍永明，所以诗中写的就是"警卫员借一张折椅尾随追赶"。事后回忆，总与真实有一些距离。根据流沙河诗中所写，应该是朱德一进公园，随行人员们，不光是警卫员，大多会同时想到七十岁高龄的朱德在公园走久了要坐下来休息这个常识，才让警卫员赶紧准备去"借"一把椅子，而后又去"尾随追赶"前行的朱德及其陪同者的。

流沙河后来将《梅花恋》收入《流沙河诗集》时补入的写作时间应该可以相信，因为发表时间可以作为有力佐证。但朱德这次到金堂梅林公园赏梅的时间就无法再用"二十年前，大雪飘飘的一天"来反推。流沙河在金堂县文化馆工作是一九七九年，那一年县文化馆就设在梅林公园内，流沙河采访伍永明探听朱德"二十年前"赏梅"借一张折椅"的事，也可以成立。前面说过，《朱德年谱》和《朱德年谱（新编本）》在一九五九年春天，都没有记录朱德回四川并抽空前往金堂梅林公园赏梅的事迹。好在如今资讯发达,在计算机里搜索一栏输入关键词,网上的相关文章虽各种说法不完全一致,但还是可以大体弄明白流沙河《梅花恋》所抒写的主要事件的一些细节。

原来是一九五七年春,作为党和国家主要领导人之一的朱德,在中华人民共和国成立后,第一次回家乡四川视察工作。根据《朱德年谱》和《朱德年谱(新编本)》,撮录其中相关的文字,可以整理出朱德这回的四川行程简表:

二月二十五日,抵达四川省成都市。

二月二十七日,听取中共四川省委第一书记李井泉等人汇报工作并作指示。

二月二十八日至三月四日,分别听取廖志高等人汇报工作。

三月五日,听取汇报并视察八一农场。

三月七日,听取汇报。

三月八日,为四川省各民主党派人士讲话。

三月八日至十一日,视察。

三月十二日,视察绵阳。

三月十三日,继续视察绵阳后,返回成都市。

三月十七日,飞抵重庆。

根据一些回忆,得知就在三月十三日这一天,在李井泉、李大章、廖志高等四川省委主要领导陪同下,视察完绵阳后返回成都市途中路经金堂县赵镇时,朱德一生第三次也是生前最后一次

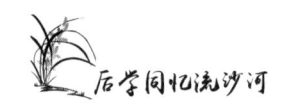

走进梅林公园,也就是流沙河《梅花恋》浓墨重彩抒写的主要事件。

　　金堂县赵镇的梅林公园初建于公元一七六二年,即雍正四年。因为园内梅花多,老百姓习惯称之为"梅林公园"。但民国年间,有一段时间被命名为"横渚公园"。"横渚公园"雅确实雅,但"渚"是什么意思、读啥音,即便读书人估计大多也得查字典。查了字典方知:"渚",读 zhǔ,意思是"水中间的小块陆地"。流沙河《梅花恋》头一节第二行就有"绿波回环三面,半岛临深潭"的交代,描绘甚详。但"横渚公园"这个雅名仍然没有传开,人们还是乐意称呼它为"梅林公园"。该"梅林公园"位于毗河、中河和北河这三江汇流处,是建在一个环境优美的半岛上的小型公园。原来弄不明白流沙河一九七九年在金堂县创办的铅印版刊物何以取名《三江文艺》,后来我们一行去实地勘察了梅林公园并查阅了一些材料,终于弄清楚了。

　　外地的读者,要完全彻底地读明白流沙河的诗作《梅花恋》,还得亲自到梅林公园走一走,否则就领会不到诗人抒写现实的本领多么高明。我粗粗数了一下,全诗八十行,至少十五六行都是实写梅林公园本身和四围景色的,优美生动且贴合真实环境,如"对面坐一排葱翠的红土低山"之类的妙句诗行,简直让你在赏景后再读就终生难忘。

　　我们一行去梅林公园勘察时,一座高大水泥桥正在被拆除。真希望这里能恢复历史上的那一处繁忙水运码头的景观,让《梅花恋》中的诗行"江中往来船客都点头称赞"的"哟,家住这里也就成了神仙"成为现实常景。如果四周的景致，尤其是半岛上的景致也去掉一些人为的东西如碍眼的建筑等，在朱德赏梅之先"步入"的"香楠"处也培植楠林，香楠树林的尽头就是一片岸边梅林，到了"大雪飘飘"时也让一树一树的"梅花开得正鲜"，让"江岸梅林"树树"寒娇冷艳"，让梅影倒照于"深潭"，也让《草木篇》中的"梅"和这半岛上的"梅林"的"暗香"告别"孤傲"，而成为广大游客每冬必来一游再游的名园佳胜景致，何乐而不为呢……

流沙河《梅花恋》写及一九七九年梅林公园的现状是"崩塌的半岛，荒凉的江岸"，来公园的人也只能是"凭吊梅花魂，一步一怆然！"但当我们一行踏上梅林公园所在的三江半岛时，那一座跨江水泥大桥轰轰炸响的敲拆声告诉我们：这里的一切正在优化改造，要还二百六十岁古老的梅林公园一个幽静、一个雅洁。或许隔一段时间再去，就会看到"绿波回环三面，半岛临深潭"的古老而又可观的"水上漂来打渔船，白鸥点点"古拙画面的重现，以及半岛上香楠、梅林等盎然生机的园林。倘若是正值"大雪飘飘"的冬天，游人的眼前，就会是梅花一片"姣妍"。

——我们，乃至全国、全世界的流沙河著述的读者和热爱者都期盼着啊！

并以此文纪念流沙河《梅花恋》即将迎来的创作发表四十四周年。

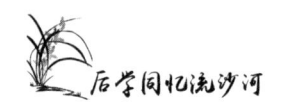

流沙河写《老人与海》

收有八十题一百二十八首新诗的《流沙河诗存》，二〇一九年五月由四川人民出版社印行，选编任务由流沙河的胞弟余勋禾担任，该书录"存"了长诗《老人与海》。选编者六千字的《为家兄序》用一个整自然段五百字多方面地介绍了"流沙河写《老人与海》"，开头就说"诗中真实记载了邓小平北戴河海滨游泳，受到老百姓亲切围观和与民同乐的情景，作者在现场感动得落泪"。这篇《为家兄序》写于"二〇一七年秋"，当时流沙河健在，其胞弟所讲诸如"作者在现场感动得落泪"等细节，很容易被读者认为是流沙河自己亲口叙说过的。但是，真实的史况却不是这样。

二〇〇〇年九月二十二日成都《天府周末》发表了一篇《与流沙河的一段因缘》，作者尧山壁。这个尧山壁就是创造了系列条件让流沙河写出《老人与海》的功臣之一。在一九八〇年八月初至八月下旬的二十多天里，尧山壁以河北省作家协会的名义操办了"北戴河诗会"，参加者是河北省三十几个老中青诗人，省外只请了流沙河一个人。这次的北戴河诗会安排很宽松，每天上午座谈、下午游泳。参加诗会的三十几个诗人中有河北黄骅县（现黄骅市）文化馆《诗神》杂志时任编辑何香久。根据尧山壁的回忆,何香久是让流沙河写出《老人与海》的又一个功臣,我们来看尧山壁的回忆。

在《与流沙河的一段因缘》中,尧山壁这样写道:

有一天何香久从外边回来,按捺不住的惊喜,说亲眼看见了邓小平同志从西山下来到海滨游泳的全过程。沙河兄从小平同志的沉浮,想起了自己的往事,背过身去摸出手帕,悄悄揩着眼睛。他匆匆吃完饭直奔西山,面对那一片海域望了很久,沉思了很久,直到夜幕降临,他眼里蓄满了水色星光,心里蓄满了浪花涛声,一首诗开始酝酿:

他不得不从头再学游泳

猛击着狂涛怪浪

三次浮

三次沉

这就是后来轰动一时的《老人与海》。

尧山壁的回忆文章写于北戴河诗会之后的二十年,虽说既具体又生动,仍然不可以当成可信的"文献史料"采用。好在流沙河这一年的完整私人记录本被保存了下来,细细研读之后,方知《老人与海》原始的酝酿和写作史况,略作撮述。

尧山壁生动具体回忆的何香久对包括流沙河在内的人讲述他"亲眼"所见"邓小平同志从西山下来到海滨游泳的全过程"的

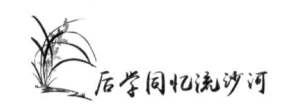

事，流沙河的记录中没有对应的内容。在一九八〇年八月六日的记录中，流沙河写了他与人昨天夜晚散步时得知邓小平已在北戴河休息。十日夜间散步时又听说邓小平"上前天回京了，在此地海滨曾经与群众混在一起下海游泳，起来还拍了照片"。也并非有意，在十六日流沙河同其他几个人到邓小平来北戴河休息时的住地大门口去，从"门口岗兵"的叙说中，得知"邓副主席出入要问候我们，要握手"，"上次邓副主席来，精神很好，不坐车而步行下山去海滨游水"，"那天他一出门，遇上群众，多达两百人，围住走不通，他一一握手，到海滨又与群众照相。邓副主席昨天才离开这里去北京开会。他出大门来，与我们握手，说我们辛苦，说他要去北京开会去了"。

　　从记录上看，流沙河要写《老人与海》，没有告诉任何人。直到其他全体参加北戴河诗会的人都走了的二十一日，流沙河这天下午"开始写《海与老人》（此为原题，笔者注），写邓伯伯的"。这天深夜他独自一个人"去海滩听潮看月，归来继续写《海与老人》"，一直"写到半夜过"。二十二日，"全天专心致意写《老人与海》，写得满意"，中途短暂接待一位"托他买茶叶"的当地诗人后，流沙河"去海边望月听潮。归来又写，到半夜写完"。二十三日，"晨起便立刻动手精抄，一边抄一边哭。抄好后，给李小雨一短信，说明此诗《老人与海》背景材料"。记录中还说"在细细精抄过程中"虽然服务员送来久盼的家信，流沙河也"顾不上拆看。抄完了，才看信"。下午五点，流沙河急忙步行去当地邮局，把一封信和《老人与海》的"精抄"原稿一起寄往北京《诗刊》的编辑李小雨。李小雨是著名诗人李瑛的女儿，也是诗人，时任《诗刊》专职编辑，负责跟流沙河联系。

现在可以明确地讲：写《老人与海》之前，流沙河并没有亲临当时"邓小平北戴河海滨游泳"的"现场"，因而余勋禾《为家兄序》中所谓的"在现场感动得落泪"也就无从说起。甚至，尧山壁回忆文章中说的听何香久讲述"亲眼看见了邓小平同志从西山下来到海滨游泳的全过程"的时候，"沙河兄从小平同志的沉浮，想起了自己的往事，背过身去摸出手帕，悄悄在揩着眼睛"一节，也不敢相信是真实发生过的，很可能是尧山壁据《老人与海》中的诗句"有一个书生想起往事/忽然背转身去/摸出手帕/悄悄地揩着眼睛"而"想当然"地合理合情"构思"出来的场景。因为写《老人与海》的三天之中，尧山壁与何香久都离开了北戴河海滨，北戴河诗会的参加者中没有一个人知道流沙河在北戴河构思并写下《老人与海》——此成为当年中国"诗界"的一件大事。

在北京一九八一年一月十日出版的该年第一期《诗刊》头条隆重推出一百六十九行的《老人与海》中，诗末有模糊的写作时间和写作地点"1980年初秋写于北戴河海滨"。到了一九八二年十二月上海文艺出版社印行的《流沙河诗集》中，所收该诗末尾的这个写作时间具体化为"1980年8月21—23日"，与流沙河私人记事所载完全一致，当系流沙河自己补订。但上海文艺出版社印行的《流沙河诗集》中收录的《老人与海》的文本有近二十处改动和一行诗句的补加，暂时弄不清是流沙河自己的改动和补加还是出版社的"编辑加工"。依我个人的看法，《流沙河诗集》对《老人与海》近二十处的改动和补加都不太成功，还是应该恢

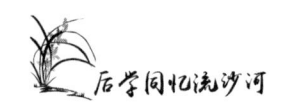

复《诗刊》初刊文本的样子。三十八年之后，到了《流沙河诗存》所收录的《老人与海》文本，照录一九八二年十二月上海文艺出版社印行的《流沙河诗集》中的该作品，不过有几处疏漏，如将两处应该空出一个字的地方忘了空，也应该在再版时予以补订。在文本学上，《流沙河诗存》中的《老人与海》不是一个独立的文本。至于对这首《老人与海》诗作内容的分析和理解，当然可以"百花齐放"。但《老人与海》肯定不是"真实记载"邓小平某一次的游泳，而是流沙河全新原创性质的"诗意描述"，这一点应该成为共识，在史实上不应该有分歧。

《诗刊》刊载的《老人与海》

文过 《流沙河访问记》

　　流沙河在北戴河出席河北省作家协会主办的诗歌座谈会时，于一九八〇年八月十二日晚的夜宴后，回到临时下榻的旅店，在刘湛秋的住房中结识了供职于《诗刊》社的四川老乡朱先树。在《诗刊》评论组当编辑的朱先树，是川南泸州人。朱先树对流沙河说到他在北京刚完成的发稿事情，说"白航的那篇访问记写得好，爱读"，又说"这是《诗刊》第一次发访问诗人记"。朱先树对流沙河说的"《诗刊》第一次"发表的"访问诗人记"，依朱先树说话的先后逻辑来分析，所讲的文章就是白航写的"那篇访问记"，自然也只能是"访问"流沙河的。但说这件事情时，刊载"白航的那篇访问记"的《诗刊》尚未出版。朱先树作为《诗刊》理论组编辑，编稿时先睹为快，忍不住内心的"爱读"之喜悦，向所发文章写及的被"访问"者流沙河作了预告。

　　然而，查阅稍后出版的一九八〇年第九期《诗刊》，在这一期第四十二至四十五页的确有一篇《流沙河访问记》，但署名是"文过"。原来，"文过"是白航发表这篇文章时使用的笔名。《流沙河访问记》末尾有写作日期"1980.6.25. 于蓉城"，去查阅流沙河这个时段的日记，也有相应的记录。

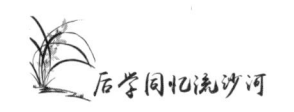

（一九八〇年六月十八日）白航要我的作品剪报，因《诗刊》约他写短文介绍我的诗。

（一九八〇年六月二十日）《诗刊》约白航写我的采访记。夜，白航问了我十多年来一些情况。

（一九八〇年六月二十六日）白航交来一篇访问记，五千字，《诗刊》约写的。逐字逐句改了。

（一九八〇年六月二十八日）白航对我的访问记昨日已寄《诗刊》了。

（一九八〇年七月十二日）收到邵燕祥信，交白航转我的。……《访问记》拟发九月号，可能同时发《故园六咏》，配发照片，要签名。当即回信，附上照片两帧，……签名两式，一直一横。航空挂号寄出。我心里很快活，说明寒潮在退了。

在《流沙河访问记》开头几个自然段中，"文过"交代了为什么要写此"访问记"："直到现在，他二十年极不寻常的经历却知之者甚少。我因为住在天府之国的芙蓉城，常常接到一些朋友来信，询问他的消息。因此，就在一个晴朗的假日，访问了这位神秘的诗友。……在促膝谈心的时候，我才知道他的一些可悲而又可贵的经历，就写在下面，算作对朋友的复信吧。"

文中交代"诗人流沙河"一九五七年已"一举而成了全国'知名人士'"，如今这位"苏醒过来"的流沙河"又用他清新的诗句和读者交流心声"。所以，全国读者都想了解这位"无影无踪"了二十年突然又这么"清新"歌唱的"诗人"。

流沙河访问记

文 过

诗人流沙河，因为一九五七年在《星星》诗刊上写了散文诗《草木篇》，一举而成了全国"知名人士"。之后，他就像飘零的落叶一样，被一阵大风吹得无影无踪了。直到二十年后"四人帮"被打倒，他才从四川的某一个角落里苏醒过来，又用他清新的诗句和读者交流心声了。

但是，直到现在，他二十年极不寻常的经历却知之者甚少。我因为住在天府之国的芙蓉城，常常接到一些朋友来信，询问他的消息。因此，就在一个晴朗的假日，访问了这位神秘的诗友。原来，他在一九七九年底，已应召调回《星星》诗刊，重操旧业了。

啊，无情的岁月，竟使我们相遇而不相识！但一经通名报姓，执手相看，便从彼此的眼波里，互相看到了自己的影子；从笑声里，又找到了我们久已失去的自己。正象他在《重逢》一诗中所描绘的那样：

一阵敲门一阵风
一声姓名想旧容
一番误解一番懂
一番握手一番疯
二十年岁月匆匆一大梦
失散的同志今夜喜相逢

清泪涌
眼朦胧
我的黑发惜犹白
你的直脊渐渐弓……

一时，竟不知话从何处说起，就习惯地顺口问了一句：

"你好吗？"

"好！"他把脑壳连点几点，又借用李商隐的一句诗作为补充："相见时难别亦难啊！"

我怆然一笑，理解他所说"相见时难"的深切含义，多少往事尽在这四字之中了。以后，在促膝谈心的时候，我才知道他的一些可悲而又可贵的经历，就写在下面，算作对朋友的复信吧。

原来，一九五七年后，他留在四川省文联当"反面教员"，无非是拉车、种地，也作过图书资料员。一九六六年四月底，文化大革命将要开始，报纸上已在点名批判"三家村"的时候，他被押送回老家金堂县城厢镇。那里离我所在的成都并不算远，坐公共汽车也只需要两个钟头。但是，咫尺天涯，包括我在内，谁都不敢去看他。

他从回到老家的第一天起，就靠劳动的汗水养活自己。在城厢镇（旧金堂县城）北街一家木器商店里，当一名锯匠，四川的土话叫"解匠"，就是把圆木用大锯锯成木板子。干这种活路必须身强体壮，而他却骨瘦如柴。好在他的连手，姓罗，是个一字不识的农民，年龄和流沙河差不多，流沙河喊他罗师父，他待流沙河极好。这，也许是罗师父"政治"上无知，才把一个"右派"当成亲人。

他俩的收入是计件工资。为了不连累罗师父的收入，他只有拚死拚命地干活。

42

《流沙河访问记》（1）

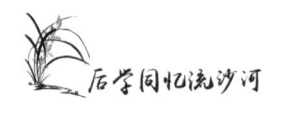

深了诗的感染力。
在《带血的啼鹃》一诗中,党的好女儿张志新在诗人笔下,化成了一只带血的啼鹃,"啼角滴着血,悲啼惨叫,向南飞越长城,飞过北京。要飞遍三川五岳九州四海,用带血的啼声唤醒人民,告诉他们冤狱遍于国中,快快起来抗争!"

他经风吹雨打的诗人流沙河,现在写的诗较之过去,显得更深沉更成熟了。他所选取的题材也比过去更富有社会意义了。如在《孤立颂》中,他歌颂了刘少奇主席和彭德怀元帅的"孤立","你情愿清醒地孤立,在邪说喧嚣之世;你情愿凄凉地孤立,在悲棍横行之年。彭德怀孤立在庐山上,哪怕撤职罢官;张志新孤立在干枝里,哪顾焚琴断弦。如果都去躲躲闪闪,谁挽救人民的江山?如果都去唯唯诺诺,谁体现阶级的尊严?"他歌颂野虫菊,即使"摘下来研磨成齑粉,依旧是虫豸的死敌"。他歌颂梧桐,"但愿身经斧锯,化作一张张的薄板,嫁与一条条的直弦,好将青春的回忆,去向人间弹奏"。

诗人过去的诗风,朴素而富田园风趣。他喜欢描写那些优美的景物风光和一刹那间细致的情感。他的抒情短诗,完美而清新,带有一股泥土的芳香和朴实无华的素质。

他的经历极简单。一九三一年生于成都,后来在金堂县城厢镇长大。成都解放前他正在四川大学读书。解放后回家当小学教师,因向报刊投稿,被作家西戎同志发现,调到川西农民报工作。一九五二年又调到了四川省文联搞专业创作,后又在《星星》诗刊当编辑,他是地主家庭出身,但他曾是共青团员,早已叛逆了家庭。他在《告别火星》诗集的最后一首诗《笔的故事》中,明确地宣告了这一点。

父亲跟着旧时代进坟墓去了,
儿子早已叛逆了他。

"若有文字说明,务请说明是在友人家中。我家只一暗室,哪来如此阔气。……"
——流沙河同志来信

从阴湿的庭院里跑出来,
爱上了草木蓊蓊的乡野,
爱上了放牛的小孩,
砍柴的老爹,
种菜的大嫂……

父亲给我的那一支笔是黑色的,
智慧的人用了,
也会变得愚蠢。
党给我的这一支笔是彩色的,
糊涂的人用了,
也会变得聪明。

诗人此后的表现证明这首诗的感情是真挚的。

话语,象温泉一样从我们嘴里涌出来,沐浴着我们两颗重新欢跳的心。分别时我拉着手问他:"最近你写的诗,哪一首你自己感到最满意?"

"最满意的还没有写出来!"他说。

"你太谦虚了。"我说。他笑了,分别时才悄悄对我说:"我还有一首长诗《太阳》,①自己觉得还可以,但不知道能否与读者见面。"

1980.6.25于蓉城

————
① 《太阳》一诗已在本刊8月号发表。——编者

《流沙河访问记》(2)

为了行文的需要，一直到《流沙河访问记》结束，"文过"都没有透露他与流沙河是一个"单位"朝夕相处的"同事"关系。

这篇五千字的"访问记"有流沙河私人记录所载的现场记录作证，他"逐字逐句改了"，也就是经过了流沙河的"亲自认定"。这么一来，这篇"访问记"就属于著名作家、诗人第一手史料文献，其论断和观点代表了那时流沙河的自我评价。但从一九八〇年六月二十八日的私人记录说的"白航对我的访问记昨日已寄《诗刊》了"来揣摩，四十九岁的流沙河所记的"逐字逐句改了"有些夸张。没有见到留有流沙河"逐字逐句改了"的"文过"所写"访问记"的全稿，估计也多是个别字词的润订，因为没有重抄，而且"改"后马上就"寄"走了，足证没有太大的修饰和添补。毕竟"文过"好歹也是旧文人，笔下功夫不会太差，否则他不会被任命为《星星》实际上的主编即杂志的主要负责人。

这篇《流沙河访问记》中不少苦难经历的述说，后来流沙河大都有更生动更具体的描写，可参看他的回忆录《锯齿啮痕录》。我们重点说说"访问记"中的文学乃至文化方面之史料。《流沙河访问记》叙说流沙河为给"不能上学"的孩子补习文化课，在家中找不到"一本能看的书"的情况下，凭自己"头脑中记得"的中国"古体诗词"，"从《诗经》起，到毛主席的诗词止"，默写下二百二十五首，"作为教孩子的语文识字课本"。流沙河"又编了英语课本共十册，教孩子在漫漫长夜里朗声诵读"。在教孩子读英文的同时，流沙河自己也翻译小说，就是后来公开出版的

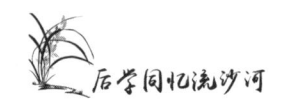

《混血儿》。

这两种自编教本，说明热爱中华文明和中国文化的流沙河，哪怕在苦力劳作的二十年艰窘岁月中，也坚守着一个中国知识分子的文化传承使命。

终于有了重新创作的机会，《流沙河访问记》依照时序述说了流沙河在《星星》复刊后的编辑部"一边作编辑，一边先后写了不少诗作，发表在全国各地报刊上"的突出实例，如写朱德总司令的《梅花恋》、写"党的好女儿张志新"的《带血的啼鹃》、写"歌颂刘少奇主席和彭德怀元帅"的《孤立颂》等诗篇，都是一经发表立即就引起了读者的广泛关注。

这篇"访问记"，以预告流沙河"一首长诗《太阳》"即将与读者见面结束了全文，留给当时的读者巨大的期盼。流沙河长篇诗作《太阳》发表于这年第八期《诗刊》，"文过"写此"访问记"时该诗作应还在编辑部过三审的程序。

要知道，《流沙河访问记》其实仅仅记录了重入诗坛才半年的流沙河，已经有如此多的亮点让我们惊喜不已。

这一篇五千字《流沙河访问记》的作者"文过"，前面已交代就是时任《星星》主编的白航。其实，"白航"和"文过"一样，也是笔名。白航的本名叫刘新民，一九二六年生于河北高阳，比流沙河年长五岁。"白航"，应该视为其传世笔名。除"文过"外，他还用过"谢燕白""燕白"等笔名。为什么要取"文过"这个笔名？没找到白航自述，我猜想应该是取自本姓"刘"字左半的"文"，"过"的用意连猜想也不敢了。《星星》创刊时，编辑部四个编辑被略为"两白两河"，当年几乎文艺圈内人人皆知，非常著名。"白航"之外，还有一个出生于一九二一年的白峡，山东巨野人。白峡的原名叫刘方盛，也用过别的笔名。"两河"就是流沙河、石天河。石天河仍然是笔名，他本名周天哲，一九二四年生于湖南长沙。

白航署名"文过"的《流沙河访问记》，已是"流沙河文化研究"重要文献之一，里面的史实经过流沙河本人"逐字逐句改了"的认定，今天看来更加珍贵。

白航与流沙河

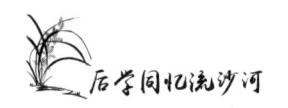

流沙河讲稿 《旧诗与国画》

如今的四川省美术家协会，在二十世纪八十年代的名称是"中国美术家协会四川分会"，简称"美协四川分会"。该分会编印了一份十六开本的"内部通讯"《四川美术简报》，已见到的一本为"第六十期"，有二十八页，一九八二年八月三十日出版，首页刊头左侧印有"发至会员"。就在这册《四川美术简报》中，有一篇占了整整十五个满页的两万字长文，正标题为《旧诗与国画》，正标题下面打个破折号，后为副标题"诗人流沙河在美协四川分会举办的报告会上的讲解"。"讲解"可能是"讲演"和"解读"的缩略。这两万字长文分为五个部分。头四个部分为"讲讲诗中有画""讲讲那些直接与画有关的诗""讲讲在画上的题诗""讲讲以诗句为题作画"，属于"讲演"即"讲"；最末的第五部分为"讲讲中国画研究院公布的三十道题"，属于"解读"即"解"。

第二编 初试啼

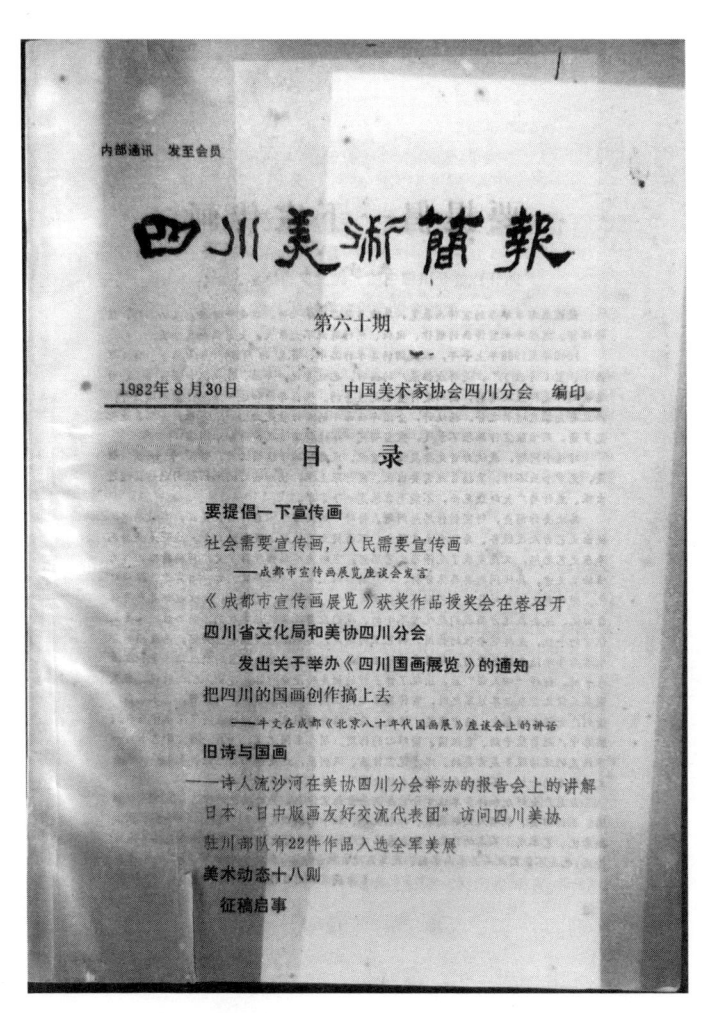

内部通讯 发至会员

四川美术简报

第六十期

1982年8月30日　　中国美术家协会四川分会 编印

目　录

要提倡一下宣传画

　　社会需要宣传画，人民需要宣传画
　　　　——成都市宣传画展览座谈会发言

《成都市宣传画展览》获奖作品授奖会在蓉召开

四川省文化局和美协四川分会
　　发出关于举办《四川国画展览》的通知

把四川的国画创作搞上去
　　　　——牛文在成都《北京八十年代国画展》座谈会上的讲话

旧诗与国画
　　　　——诗人流沙河在美协四川分会举办的报告会上的讲解

日本"日中版画友好交流代表团"访问四川美协

驻川部队有22件作品入选全军美展

美术动态十八则

　　征稿启事

《四川美术简报》第六十期首页

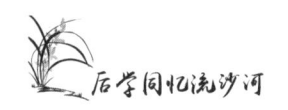

《四川美术简报》刊载的流沙河讲稿

　　这个"根据录音整理"出来的"讲解",流沙河对"整理"稿应该有过细心地加工处理甚至重写和补写,否则不可能如此顺畅和流利,而且章法井然、详略得当。下面,先对两万字的内容予以简介,仍然依原文五个标题来择要述说。

一、"讲"诗中有画

　　这第一部分有五千多字,原题目也长,为"一、讲讲诗中有画。一首诗通常由两部分组成,其中一部分是绘画部分"。这个长题目,是在替听众着想。因为是"美协四川分会举办的报告会",要在讲演一开始就抓住"绘画"这根主线,把"一首诗"里"其中一部分是绘画部分"首先点出来,引起听众的聆听兴趣。流沙河讲演的高超水平和特大吸引力,在成都、在北戴河,在不少全国性的文化、文学会议上,均被证实过,这里仅是一例,是他五十初度时的一次重要讲演。

　　流沙河把"我国古典诗歌里的基本结构"分为"描写"和"叙述"两个部分,"所谓描写的部分,就是画出来的部分,可称作绘画部分",由此切入,广举经典诗作为例。所举诗例有《诗经》、《古诗十九首》、唐诗,大多是旧读书人要通首背熟的名篇,也全是流沙河的"童子功"成绩的展示。

二、"讲"直接与画有关的诗

　　因为第一部分讲得久了一点儿,流沙河在此部分一开始就表明他"不打算详讲"这个问题,"只能举两个例子作跑马般的串讲",其实也仍有三千字,不短。流沙河"串讲"了杜甫的《观曹将军画马图》和《丹青引》,旁及与诗相关的历史知识,兼作精彩分析。真就是逐句"串讲",只要认真听并做笔记,会对这

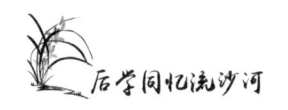

诗有深刻印象。

三、"讲"在画上面题诗

其实，讲第二个部分时，已涉及这个部分，如流沙河讲"苏东坡也曾看过这幅《画马图》，还在上面题了字"就是"在画上面题诗"。先说"正好相反"的："先有在画上题诗，后来才有根据诗来作画的。"细讲晚唐韦庄《题金陵图》、一首宋人题"画唐明皇踢足球"的《打球图》的诗、苏东坡《题杨妃痛齿图》等多首，都生动有趣，足以引起听众兴趣。

四、"讲"以诗句为题作画

从"到了北宋，画家们才从唐诗中去找绘画的素材"开头，具体讲起北宋及以后各代画家们"多从李白、杜甫、王维等人的诗中"去找绘画的素材，也都生动有趣。还讲到"现代画家"如徐悲鸿、齐白石、丰子恺等人"以诗句为题作画"，徐悲鸿取宋人唐庚《醉眠》中诗句为题作画、齐白石应老舍之请以"蛙声十里出山泉"为题作画、丰子恺以唐人刘方平《月夜》中"虫声新透绿窗纱"为题作画。最后，流沙河以王朝闻在《新艺术创作论》举出的一个例子即某画家"画了一条牛，解脱了鼻绳在奔跑"的画题作《解放》，提示听众不要片面地歪曲理解，把画作弄得"意匠浅薄"。

五、"解"中国画研究院公布的三十道题

这次"讲解"一开始,流沙河坦言"我是做编辑工作的,不会画画",这一讲要讲中国国画研究院给出的命题绘画习作"三十道题"作业,他再一次强调"我本人不会画",要"解"这"三十道题"是"很困难"的,他表示"只能从画题的文字角度来讲讲自己的理解"。所谓"三十道题",分别为"人物画十二题""山水画十题""花鸟画八题",流沙河很仔细地备课,逐一实实在在地指导、讲解,反正我是当教材来读的。

这"三十道题"多为中国古典诗词名句和中国古今经典小说的内容,也有诸如毛泽东等中国现当代人物的诗句。流沙河为"三十道题"逐一找到了出处,分析在依诗句作画时应该考虑周全的地方,也就是不要画走题了。如人物画第三题为"青山朝别暮还见,嘶马出门思故乡",流沙河具体指出"这是唐代李颀的诗句,诗题是《送陈章甫》",接下来分析全诗,再给出据诗句作画的参考。如人物画第八题"祥子思车",流沙河就指点:"车是人力车,成都叫黄包车,年轻人没见过。得读老舍小说《骆驼祥子》。"对于这"三十道题",流沙河耐心地根据自己查找资料和思考的结果,都给予明确的指点。

流沙河"讲"旧诗与国画的四个问题和"解"中国研究院"三十道题"的时候,没有如今便利的互联网搜索"百度一下,你就知道",只能靠大脑记忆和查书。把四个"旧诗与国画"的问题和"三十道题"说透,要引述大量的中国古典诗词等经典读物,

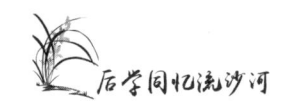

只有熟读中国古典诗词和其他文艺作品如小说《红楼梦》，而且要记忆力超强，才能完成"讲解"。五十初度的《星星》普通编辑流沙河，成了"美协四川分会举办的报告会"最理想的辅导老师。

没有找到这次报告会听众们当时的记录或者事后追忆这一次"报告会"上流沙河"讲解"风采的文字，只好在其他方面找一找。刊载流沙河两万字"讲解"全文的《四川美术简报》，在该文之首《编者的话》中也仅仅交代流沙河这次"讲话"是"六月下旬"，自然是一九八二年六月下旬。但这一年的"六月下旬"有十天，具体是哪一天呢？

好在查到了流沙河的私人记录，讲课时间是一九八二年六月二十三日，地点在今天的天府广场北侧的四川科技馆（原展览馆）。他是清晨骑自行车从红星路到人民西路的。这天上午，从九点讲到十二点。中午被"小车送回吃午饭"，午后"又接去继续讲了一个半钟头"。黄昏六点即十八点流沙河自己"骑车归"。流沙河自己的"车"即自行车，是流沙河清晨从家中骑去的。

流沙河准备这次"讲解"是很用力的，时间不长的几天内，他都在忙这件事。一九八二年六月十九日是星期六，他接到美协四川分会的"正式通知"，要他讲"诗与画"并具体解读中国画研究院"三十道题"，"讲解"时间就是"下周三"即六月二十三日。六月二十二日继前夜"查许多诗"后，晚间开始"写提纲"。

但是，如果没有三四十年的积累，无论再怎么努力也不会有大收获。流沙河本来对中国古代文学尤其是诗词、笔记等大多烂熟于心，他敢于果断接受美协四川分会这次"讲解"授课，自然也是胸有成竹。他只需要把他熟悉的相关知识具体分一下类、排个顺序后形成讲授提纲即可。这次对"旧诗与国画"和"三十道题"的"讲解"之成功，流沙河的超强记忆力帮了他的大忙。三四十年的文化自修的持续积累和提升，使他得心应手。

一九八二年六月二十三日讲完课，一周后的六月二十九日，流沙河"收到美协讲课费 30 元"，他算了一下，讲了"共五个小时"。在当时，这个数目的讲课费要算报酬不薄了。

这篇两万字的讲稿，如前所述，副标题有点怪怪的，倘若收入《流沙河全集》，可微调成《旧诗与国画——一九八二年六月二十三日在中国美术家协会四川分会报告会上的讲演》。这两万字虽然没有全文编入后来公开的流沙河相关单本图书中，但查了一下，在一九九五年十月由四川文艺出版社印行的《流沙河诗话》的《诗中有画》一辑的二十八篇文章中，有好多篇的内容都可以在两万字"讲解"中找出对应的段落。虽然如此，这篇两万字完整的"讲解"全文，仍有收入《流沙河全集》的必要。因为这两万字是表述连贯的讲稿，值得珍视。

虽然已经得知了流沙河这次"讲解"的部分史实，也仍有值得进一步探讨的问题。比如这次出席"报告会"听流沙河"讲解"的人共多少、都有哪些人，如果有个名单就更好。还有，当时听了流沙河"讲解"的人，在后来的绘画创作生涯中都有怎样的发展？其中涌现了多少知名画家？这些当年从流沙河"讲解"中获取了教益的人，难道没有一个人事后留下回忆？已经是四十多年前的事情了，时间过得真快，当年"讲解"的流沙河已经离开我们快四年了！

怀念敬爱的流沙河先生！

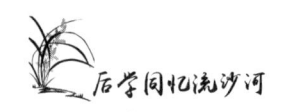

流沙河的蟋蟀们

六十四行的《就是那一只蟋蟀》一九八二年七月十日在成都写就,一经发表很快在国内广为流传,并传到海外,还曾经多年被收入中学语文课本,是必讲经典诗歌。很自然地,这首《就是那一只蟋蟀》便成为流沙河诗歌代表作之一。

这首诗的第一节六行,其实是用诗的形式回答余光中的一篇短文中"在海外,夜间听到蟋蟀叫,就会以为是在四川乡下听到的那一只"抒写的想象。流沙河从余光中这个美丽的想象中抓住了一条抒情线索,他激情昂扬,对余光中斩钉截铁地表态:

就是那一只蟋蟀
钢翅响拍着金风
一跳跳过了海峡
从台北上空悄悄降落
落在你的院子里
夜夜唱歌

简直让读者或听众不敢喘气。流沙河在后面每节诗都反复使用"就是那一只蟋蟀"开头，一气呵成的诗的情感洪流，成为天地间一股浩然正气，让读者或听众明白：两岸的同胞，必须世世代代友好相处得像一家人，才对得起诗中的这只让余光中让流沙河一听到了叫声就生乡愁的飞跃两岸的蟋蟀……

流沙河与余光中

　　文学想象和描写，也只能源于生活现实。流沙河对蟋蟀这种小昆虫的了解，是不是只有这六十四行诗句所构成的《就是那一只蟋蟀》中写到的呢？相信在此诗诞生四十年后的今天，至少二十岁以下的中小学生们，多半都会不太了解。其实，在创作诗歌《就是那一只蟋蟀》将近三年后的一九八五年五月十二日，流沙河写完了六千字的随笔散文《蟋蟀国》，详述他在金堂县城厢镇老家住处劳动之余对蟋蟀的观察、欣赏（倾听）、捕捉、喂养以及为死去的蟋蟀善后等过程，生动而又具体，让人向往，而有些片段如蟋蟀在打斗时受伤断腿乃至死去又会令人难受，当作优美

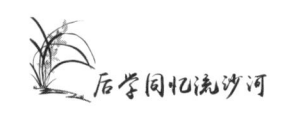

的童话来读或许更有趣味,但又的的确确是蟋蟀生活状态的科普文字。

　　说来也真是"祸兮福所倚",流沙河在自家小院落中养的大鸡、小鸡,成活得好时,啄食院内植物乃至从松土中用喙和脚爪刨食虫卵、草根等,藏在浮土中石缝中的蟋蟀难逃劫运,几乎被赶尽吃绝。但小鸡被邻居的两只狗偷猎吃完,大鸡又因瘟症全死之后,不久就迎来了院内蟋蟀的兴旺发达。流沙河写道:"那年的暮春,多亏最后一群天敌被芳邻饿狗吃绝了","鸡踪既灭,夏草秋花,次第丛生。金风一起,园中便有蟋蟀夜鸣","蟋蟀得以复国,夜夜欢奏'虫的音乐'于清秋"。其中"一群天敌",指扒开地皮吃蟋蟀的大鸡小鸡们。

　　捕捉蟋蟀的技巧,按小时候就"酷爱"其道的流沙河本人的实践,要悄无声息地顺着其叫声逐渐接近,一旦发现要用油灯亮光罩住,捏住了手指收拢时切勿用劲,否则轻则弄伤蟋蟀的颈子导致它之后很久就是一只歪脖子蟋蟀,重则把其腿胫折断导致成为终生的跛子。不仅在自己的园子抓蟋蟀,也有小孩们协助到本镇食品厂去扒煤堆时顺便代抓,他的蟋蟀一下子增加十五六只。"笼太小了,养不下这么多好汉",于是流沙河"用两个洗干净的泡菜坛子接待它们一伙",连同早先喂养的主凶、臣仆,规模有两个泡菜坛子了,"每坛居住十只以上",放在室内。"饲以花生、胡桃、辣椒,让它们吃得饱,养得肥,且有广阔天地可跳可跑,又不受外面强光的影响",劳苦改造的流沙河,黄昏倦累回家后得到的享受是"两坛音乐,通宵伴我,妙不可言"。

　　流沙河对捕捉到手、养于坛中的蟋蟀,细致观察,给予它们科学的分类，还据其形象和性格都取有富于时代意义的"冠呼"即命名。有一只蟋蟀"姿态庄重，步伐稳健，沉着迎敌，从容应战"，乡下土名虽不太雅致，流沙河也随俗叫它"棺材头"，因其脑袋"短小些，方头"而得名。流沙河对这只"棺材头"的描述是富有诗意的"羽翅亦油亮，鸣声凌厉如削金属"，应该是他的蟋蟀队伍中豪杰之士。

在文章中流沙河生动描述了几次蟋蟀间的战役，结果是使得音乐队伍锐减，"有一夜我听出两坛总共只有三只在叫"了。流沙河"估计情况严重"，次日中午"捧着坛子到阳光下面去视察，心都凉了"……其中一个坛子内"四五只都死了"，另一个坛子"只有一只无名氏还活着，其余的五六只都死了"！损兵惨重，流沙河怀着难以言说的心情"用筷子拈出尸骸"，细细观看，"坛内的饲料还剩了许多，说明死者不是死于饥饿，而是活生生地被咬死的"。

在战斗之后仍活着的几只蟋蟀，流沙河分外珍惜，"三只强者被我关入笼中，养在枕畔"。但三只强者仍然要战斗，一个竹笼中仅仅剩下两只最强健的蟋蟀。"一笼不容二雄"，流沙河的蟋蟀们正进行仅有的两雄最后的决胜，连续战斗，"常常打架"，流沙河"目击"并记下了其中"至今不忘"的一次。不以原文名称，下面以"蟋"和"蟀"为新的命名，转述这次战斗。

年轻些的蟋住在笼口一端，以玉米轴心为靠山。年老些的蟀住在笼底一端，以竹节为靠山。二雄各有势力范围，绝不乱住。笼的中段放饲料，为二雄共用区。但谁越过饲料堆，谁就是入侵者。蟋到共用区进餐，绕过辣椒，又绕过胡桃，去啃花生。发出

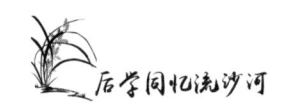

声响了，蟀也来啃，啃了几口，觉得乏味，想去尝尝蟋后面的胡桃和辣椒。打招呼时蟋没发现，蟀就以为是默许，贸然去了。蟋突然看到蟀向自己挑战，立刻一头撞了上去。两雄"斗了几个回合，不分胜负"。此刻"两雄直起身来，互相抱头乱咬，犹如疯狗一般"。几个回合下来，蟀毕竟年老体力不支，难敌蟋的少年气盛。这次战斗下来，蟀一直处于劣势，不敢靠近进食公用区了，最终饿死。"霜降以后，天气转寒"，独占整笼的蟋，竟也慢慢走向末日，因为"它已经拒食"，"看来它的日子也屈指可数了"。

这篇文章中一些话，三年前已入过诗，如"《诗经》咏及蟋蟀，《豳风》《唐风》两见"在诗中为：

　　就是那一只蟋蟀
　　在《豳风·七月》里唱过
　　在《唐风·蟋蟀》里唱过

还引用南宋叶绍翁七绝诗中"知有儿童挑促织，夜深篱落一灯明"说的"就是我哟"。紧接着对"一灯明"作出讲解。"一灯明"即"南宋的姜夔还看见过我本人呢。他不是在《齐天乐·蟋蟀》词内写过'笑篱落呼灯，世间儿女'的名句吗"，这在诗中也有对应抒写：

　　想起雕竹做笼
　　想起呼灯篱落
　　……

想起妈妈唤我们回去加衣服

想起岁月偷偷流去许多许多

  多么温情感人的诗句啊，其实都是常用语言。但一九九七年夏天有一位中学语文老师给流沙河来信，说"不懂'呼灯篱落'是何意思，因为编教材者未作注释。学生提出问题后，感到难以回答"。这位老师还在信中说他们"语文组老师也众说纷纭。有的说'篱'是捉蟋蟀的工具，'呼灯'就是把灯吹灭。'呼灯'和'篱落'是小孩捉蟋蟀时的两个连贯动作。'想起呼灯篱落'，诗中这一行，意在唤起对童年快乐的回忆"。

  这真是越解释让人越糊涂，绕来绕去。流沙河自己解释说："想起雕竹做笼"，写用小刀雕刻竹的一节做装蟋蟀的笼子；"想起呼灯篱落"，写拿着蟋蟀笼到园圃边的竹篱下去捉蟋蟀，"篱落"是双声词，其实就是竹篱，如同"村落"就是村，"呼灯"是侦探到蟋蟀所在处后盼咐同伴"快拿灯来"，照着亮以手掩捕之，捉住了，放入笼中。流沙河还交代南宋姜夔词《齐天乐·蟋蟀》中是"笑篱落呼灯，世间儿女"，借用这句"含泪水的感叹句"时为了"押歌寞韵"，倒作"呼灯篱落"了。

  上述引用的流沙河《蟋蟀国》一文，收在一九八八年一月生活·读书·新知三联书店印行的《锯齿啮痕录》中。答复中学语文教师的一文题为《何为"呼灯篱落"》，收在二〇〇一年八月四川文艺出版社印行的《流沙河短文》中。

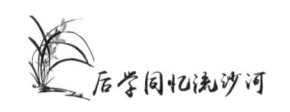

洛夫的 "讶异"

流沙河在一九八五年一月至九月的北京《中国青年报》星期日周末文艺副刊,应约开设了一个专栏《隔海读诗》,一周一次,共发表三十篇,都编了序号,每篇含台湾诗人短诗一首和流沙河"读诗"四五百字。这年五月十二日发表的是"(五)洛夫《金龙禅寺》",依照流沙河自己规定的范式,"读诗"部分得把原诗弄明白,先抄录原诗,再"读"。洛夫的《金龙禅寺》原诗如下:

晚钟
是游客下山的小路
羊齿植物
沿着白色的石阶
一路嚼了下去

如果此处降雪

而只见
一只惊起的灰蝉

把山中的灯火
一盏盏地
点燃

像用白话文译述《庄子》成《庄子现代版》一样，流沙河在简介洛夫和台湾诗况后，也将这首"台湾现代诗"改写扩充为读得懂的散文，照录如下：

金龙禅寺的晚钟响了。钟声回放缭绕，就象是游客下山的小路一般。路旁长着羊齿植物如蕨苔之类的。这些"羊齿"植物沿着白色石阶一路嚼了下去，用"羊齿"。嚼什么？嚼空气？谁知道！

现在是夏天。如果冬天此处降雪，风景也许很好。

下山的小路上，天快黑了，不见什么风景而只见一只惊起的灰蝉，一边飞一边叫。这时候远近的灯都亮了，似乎这只灰蝉的叫声把山中的灯火一盏盏地点燃了。这是我的感觉。这只灰蝉的叫声火辣辣的，所以我觉得它能点燃灯火。

在五百字的"读诗"短文中，除了上录的原诗改写，流沙河指出洛夫这个台湾"超现实主义的掌旗官司"的"诗风怪异"，《金龙禅寺》一诗的"思维"是"反理性"、"语言"是"反逻辑"，从而导致"作诗太易，读诗太难"的实际恶果。顺便还指出此诗的作者有一个常识上的"失察"，就是把蟪蛄"讹为灰蝉"。

后学同忆流沙河

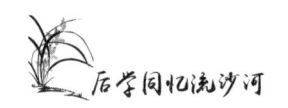

洛夫本名莫洛夫，1928年生，湖南衡阳人。1949年去台湾。诗风怪异，为彼岛超现实主义的掌旗官。

台湾的超现实主义诗家主张"反理性的思维"和"反逻辑的语言"。此诗便是一例。为了便于看懂，我将它添改成散文三段如下：

金龙禅寺的**晚钟**响了。钟声回旋缭绕，就象**是游客下山的小路**一般。路旁长着**羊齿植物如紫苜**之类的。这些"羊齿"植物**沿着白色石阶一路啃了下去**，用"羊齿"啃。啃什么？啃空气？谁知道！

现在是夏天。**如果冬天此处降雪**，风景也许很好。

下山的小路上，天快黑了，不见什么风景**而只见一只惊起的灰蝉**，一边飞一边叫。这时候远近的灯都亮了，似乎这只灰蝉的叫声**把山中的灯火一盏盏地点燃了**。这是我的感觉。这只灰蝉的叫声火辣辣的，所以我觉得它能点燃灯火。

这三段文字的黑体字部分是洛夫的原作。若不添写这许多文字，恐怕难懂。"反理性的思维"和"反逻辑的语言"对于诗艺有什么贡献呢，我不知道。我只知道，做诗太易，读诗太难，如果这样搞的话。顺便说说，蝉色深棕，不灰。有一种小个的，蜀人呼作金蝉，色青翠，庄周所谓"不知春秋"的蟪蛄便是它。蟪蛄也许被湘人呼作蟪蝉吧？蟪蝉讹为灰蝉，洛夫失察吧？　　流沙河

(五) 洛夫
《金龙禅寺》

晚钟
是游客下山的小路
羊齿植物
沿着白色的石阶
一路啃了下去

如果此处降雪

而只见
一只惊起的灰蝉
把山中的灯火
一盏盏地
点燃

隔海读诗

《中国青年报》所刊流沙河解读《金龙禅寺》

128

就这么五百个字的"读诗"短文，洛夫读后却给"四弟"写了四千七百字的长信做了"讶异"的答复！

事情是这样的。洛夫的"四弟"莫运德，即四千七百字长信的受信人，虽然学的是化学，却酷好文学，也爱读"二哥"的诗。他一读到《中国青年报》发表的流沙河此短文，立即剪报寄给洛夫。洛夫读后，立即写了长达近五千字的答复，并嘱"四弟"把这答复转给萧乾看看。萧乾见到这信读了以后，觉得两岸两位著名诗人如此讨论一首诗及其相关诗学问题，是一件诗歌建设上的大事，就寄给了主编文学艺术双月刊《现代人》的孟伟哉。孟伟哉正为总第四期《现代人》作最后的定稿，就立即编为该期《文学论坛》头条系列文章，他自己还补写了相当于序言的四百字短文，题曰《隔海谈艺——写在流沙河、洛夫两先生的文前》。这样一弄，真成了孟伟哉所说的"两位中国诗人隔海谈艺、隔海论诗"的"一件令人有些激动的事情"。孟伟哉所写的四百字短文，视野宽阔、胸怀宽广，他是站在中华民族两岸诗人乃至"小说家和其他艺术家"至此永远互相"商榷和研讨"的高度，来说这件事的。

寄自台湾的信

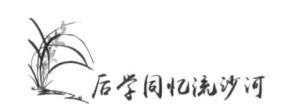

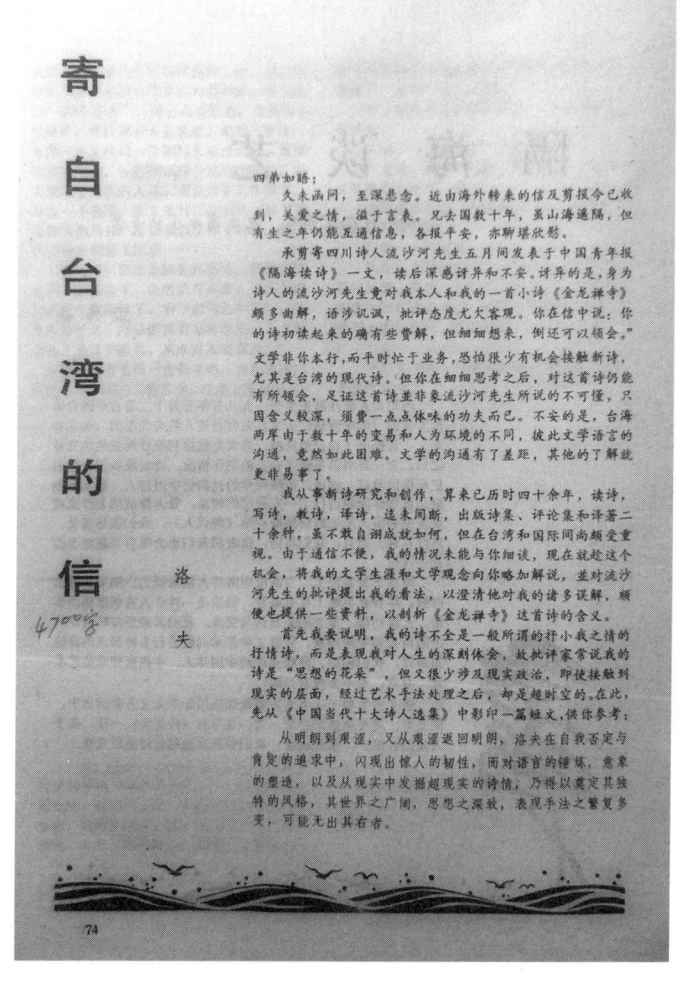

洛夫

四弟如晤：

久未函问，至深悬念。近由海外转来的信及剪报令已收到，关爱之情，溢于言表。兄去国数十年，虽山海遐隔，但有生之年仍能互通信息，各报平安，亦聊堪欣慰。

承剪寄四川诗人流沙河先生五月间发表于中国青年报《隔海读诗》一文，读后深感诧异和不安。诧异的是，身为诗人的流沙河先生竟对我本人和我的一首小诗《金龙禅寺》颇多曲解，语沙讥讽，批评态度尤欠客观。你在信中说："你的诗初读起来的确有些费解，但细细想来，倒还可以领会。"文学非你本行，而平时忙于业务，恐怕很少有机会接触新诗，尤其是台湾的现代诗。但你在细心思考之后，对这首诗he能有所领会，足证这首诗并非流沙河先生所说的不可懂，只因含义较深，须费一点点体味的功夫而已。不安的是，台海两岸由于数十年的变易和人为环境的不同，彼此文学语言的沟通，竟然如此困难。文学的沟通有了差距，其他的了解就更非易事了。

我从事新诗研究和创作，算来已历时四十余年，读诗，写诗，教诗，译诗，选末间断，出版诗集、评论集和译著二十余种，虽不敢自诩成就如何，但在台湾和国际间尚颇受重视。由于通信不便，我的情况未能与你细谈，现在就趁这个机会，将我的文学生涯和文学观念向你略加解说，并对流沙河先生的批评提出我的看法，以澄清他对我的诗多误解，顺便也提供一些资料，以剖析《金龙禅寺》这首诗的含义。

首先我要说明，我的诗不全是一般所谓的抒小我之情的抒情诗，而是表现我对人生的深刻体察，我批评家常说我的诗是"思想的花朵"，但又很少涉及现实政治，即使接触到现实的层面，经过艺术手法处理之后，却是超时空的。在此，先从《中国当代十大诗人选集》中影印一篇短文，供你参考：

从明朗到晦涩，又从晦涩返回明朗，洛夫在自我否定与肯定的追求中，闪现出惊人的韧性，而对语言的锤炼，意象的塑造，以及从现实中发掘超现实的诗情，乃得以奠定其独特的风格，其世界之广阔，思想之深邃，表现手法之繁复多变，可能无出其右者。

74

洛夫公开发表的长信

隔海谈艺

——写在流沙河、洛夫两先生的文前

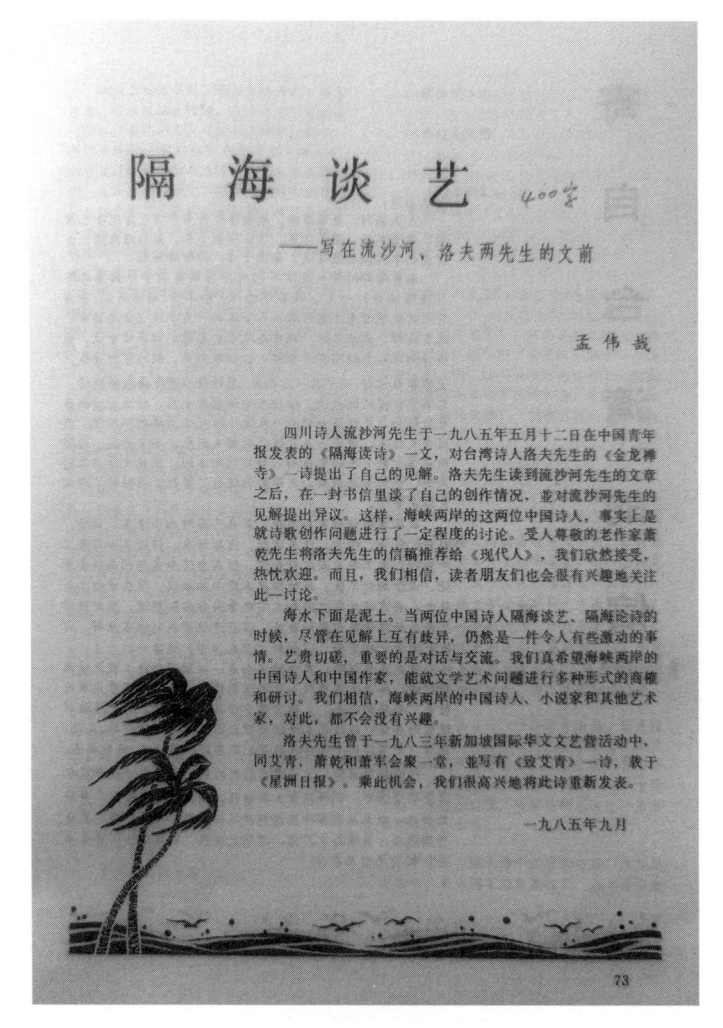

孟伟哉

四川诗人流沙河先生于一九八五年五月十二日在中国青年报发表的《隔海读诗》一文,对台湾诗人洛夫先生的《金龙禅寺》一诗提出了自己的见解。洛夫先生读到流沙河先生的文章之后,在一封书信里谈了自己的创作情况,并对流沙河先生的见解提出异议。这样,海峡两岸的这两位中国诗人,事实上是就诗歌创作问题进行了一定程度的讨论。受人尊敬的老作家萧乾先生将洛夫先生的信稿推荐给《现代人》,我们欣然接受,热忱欢迎。而且,我们相信,读者朋友们也会很有兴趣地关注此一讨论。

海水下面是泥土。当两位中国诗人隔海谈艺、隔海论诗的时候,尽管在见解上互有歧异,仍然是一件令人有些激动的事情。艺贵切磋、重要的是对话与交流。我们真希望海峡两岸的中国诗人和中国作家,能就文学艺术问题进行多种形式的商榷和研讨。我们相信,海峡两岸的中国诗人、小说家和其他艺术家,对此,都不会没有兴趣。

洛夫先生曾于一九八三年新加坡国际华文文艺营活动中,同艾青、萧乾和萧军会聚一堂,并写有《致艾青》一诗,载于《星洲日报》。乘此机会,我们很高兴地将此诗重新发表。

一九八五年九月

孟伟哉所写短文

从洛夫长信和孟伟哉的短文中,我们得知洛夫与萧乾结识于两年前即一九八三年一月中旬在新加坡举办的"国际华文文艺

营"活动中。洛夫长信中说及萧乾,曰"我……应邀参加新加坡华文文艺营(大陆名诗人艾青,小说家萧乾、萧军三位先生亦同时参加)",直接点名"萧乾"而未用"你",表明近五千字长信的受信人"四弟"不是萧乾,而是真正的胞弟莫运德。同时萧乾生于一九一〇年、洛夫生于一九二八年,年龄上也不合世俗层面的"兄""弟"相称。查检二〇〇五年十月由湖北人民出版社印行的《萧乾全集》第七卷书信卷,收有致孟伟哉的两封书信,但不涉洛夫以及此长信;此书没有收入萧乾致洛夫的书信,无法得知"四弟"和"二哥"同萧乾之渊源。多亏吴心海兄的赐教,谢谢。

洛夫长信,我认真读了好几遍,越读越糊涂,找不出作为《金龙禅寺》的作者,他究竟怎么自释他的这首诗,只见宏大叙事式地指责流沙河。细读洛夫长信,他刚刚谈及这诗,又荡开去大谈空泛的东西了。但洛夫对流沙河的"读诗"解释《金龙禅寺》的不满,虽然空泛,却是实实在在地全盘否定。他认为流沙河"颇多曲解,语涉讥讽,批评态度尤欠客观",说流沙河"他看不懂",还反击说真有"深褐色的'灰蝉'"。洛夫引用的几家对《金龙禅寺》的分析,也仍是扑朔迷离,越往后看越不明白此诗在写什么。《现代人》这份杂志不难见到,这里就不再引述了。

在赏析洛夫《金龙禅寺》的前一年,流沙河写毕于一九八四年一月二十四日的《我读台湾现代诗》长文中,就已在"真要打起笔仗,那就没完没了"开头的那一自然段中,明确地表态:"洛夫的诗又傲又冷,孤绝之至,我不喜爱。"

赏析一件文学作品,见仁见智是正常的现象,无需选边站。只要认真把原作仔细钻研即可,就是与作者写作该作品的本意不相符合,只要自己的理解能自圆其说,也可以成立。"百家争鸣",应该成为评论作家和赏析作品的常态。

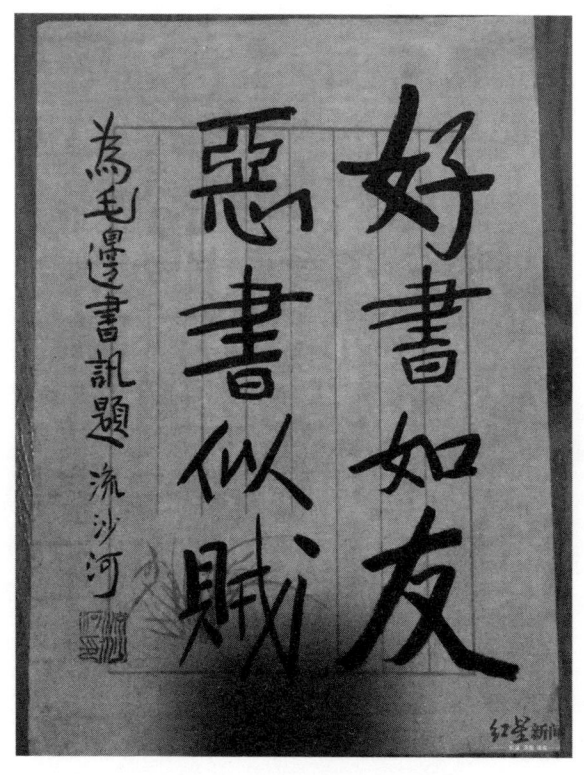

流沙河书法－好书如友 恶书似贼

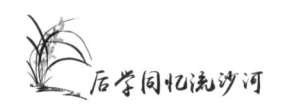

流沙河与巴金

由五十八则超短文组成的《高级笑话》十五家中的"流沙河"卷,第四十九则是《巴金不受谀》,照录如下。

巴金返里,晔蓉城文艺界大小头面于金牛坝省招待所。诸公祝愿巴老长寿,有云:"巴老,你脸色很红润,非常健康!"巴金大声回答:"虚火上冲。"表情严肃,端坐不动。

这一则"笑话"不是"编"的:"巴金"真有其人,其代表作《家》被"十六岁的学生"流沙河"血热泪烫"地阅读过;"巴金返里"也真有其事,"返里"后的巴金"晔蓉城文艺界大小头面于金牛坝省招待所"也是真有其事。二〇〇四年一月由四川文艺出版社公开印行了巨著《巴金的一个世纪》,这是该社一九八九年十月出版的两卷本《巴金年谱》的扩写增订本,作者是巴金儿子李小棠就读过的复旦大学中文系的唐金海等老师。《巴金的一个世纪》"一九八七年十月十四日"项下载曰:"在金牛坝宾馆与马识途、陈之光、周克芹、流沙河、周企何等朋友、作家及文学新人晤谈。"这里的记录,没有交代是上午还是下午,或者是这一个整天。查流沙河这一天的私人记录,为"下午与三位负责人一道去金牛坝招待所看望巴金"。

至于流沙河写的连标点符号算在内也才七十五个字符的《巴金不受谀》完全是真实的事,因为前引《高级笑话》约一九九〇年以"四川文艺出版社"名义印行后至今,同流沙河"一道去金牛坝招待所看望巴金"的人,没有一个人写文章指出,流沙河"编造"笑话讲有人"谀"巴金这事是没有的。写巴金这则"笑话"在内的流沙河《高级笑话》,二〇一一年十月又收入以"新星出版社"名义印行的流沙河《Y语录》,为附编,删去了一则《总经理语录》。

刚才说《高级笑话》"以'四川文艺出版社'名义印行"、《Y语录》"以'新星出版社'名义印行",我用的这本《高级笑话》出版的时间只能从流沙河为此书写的《序》落款时间"1989年愚人节"来推定,"愚人节"是每年的四月一日。该书责任编辑"吕林"不是一个人的名字,而是四川文艺出版社两个编辑的姓氏,"吕"是吕泰女士,"林"是林文询,当时我也在这家出版社从事编辑工作,故写出"内情"以供今后研究出版业人员作参考。《Y语录》的"特约编辑"吴鸿实有其人,他就是该书排版制作公司"最近文化"的创办者,已故多年。

流沙河专写巴金的作品,我只读到《代挽联赞巴金》这一篇千字文和六十六行的新诗《〈家〉的作者》。前者写于巴金逝世后,本是应成都《华西都市报》编辑何炜十八日约稿而写的,十九日上午写就,下午报社就来人取走了。就在十九日午后上海

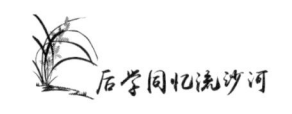

《文汇报》的副刊编辑潘向黎也打来电话约写"悼念巴金"的文章,"即以此文由 E-mail 传去",发表于十月二十一日的《文汇报》副刊。此处的信息,都源自流沙河的私人记录。

千字文《代挽联赞巴金》,也题作《代挽联赞先生》和《代挽联赞巴金先生》,《文汇报》刊出此文时以《代挽联赞先生》为题。此千字文先后收入二〇一五年一月新星出版社印行的流沙河《晚窗偷得读书灯》和二〇一七年十二月的流沙河文集《游心于艺》等书中。就文本的可靠性来讲,还是二〇〇六年十月上海文艺出版社印行的《巴金纪念集》中的版本值得信任,是直接用《文汇报》初刊本编入的。

流沙河《代挽联赞先生》首先抄录他自己在巴金这年生日前应"四川省作协巴金文学院嘱"而"欣然呲笔调墨"书就的"贺寿"联文,为:

乘激流以壮志抛家,风雨百龄,似火朝霞烧长夜。
讲真话而忧心系国,楷模一代,如冰晚节映太阳。

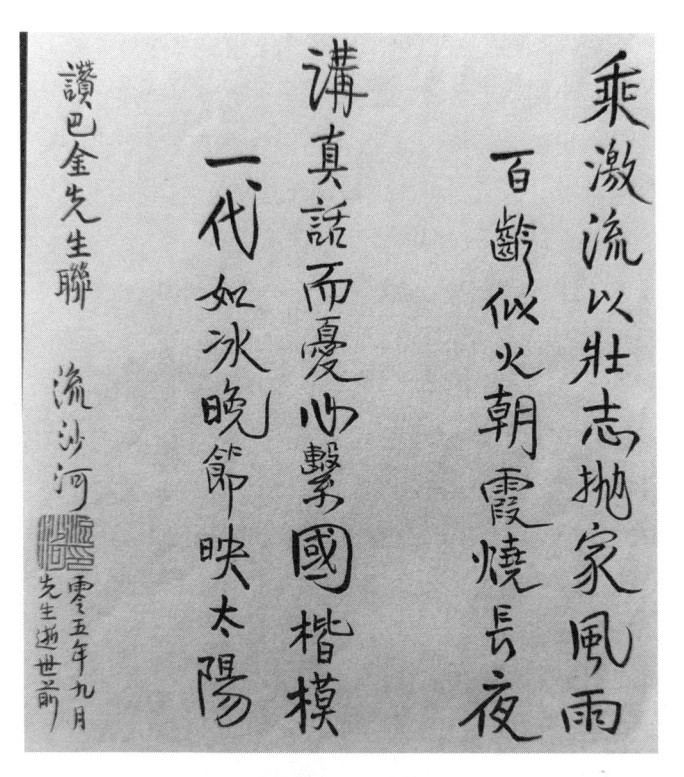

乘激流以壯志拋家風雨
百齡似火朝霞燒長夜
講真話而憂心擊國楷模
一代如冰晚節映太陽

讚巴金先生聯 流沙河 零五年九月先生逝世前

流沙河为巴金所写贺联

　　这部《巴金纪念集》将流沙河此千字文放在《评说》辑中，是有道理的，文章是以"评说"巴金对自己的影响巨大来着笔的。前两个自然段通过对自己撰书对联的上联剖析来"评说"巴金《家》对自己青年时代的巨大影响。除了《水浒传》让青年流沙河读后"得共鸣之痛快"，再一部文学作品就是巴金的《家》了！流沙河读完巴金的《家》，"恨不能一把火烧掉旧社会"——"那真是神圣庄严的阅读，人一生只能有那一次"。后两个自然段

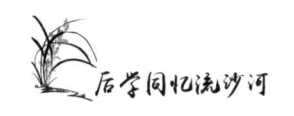

流沙河"评说"巴金复出后"以其《随想录》呼吁讲真话",还回忆"当年作家理事会上,票选巴金先生为中国作家协会主席"的"热烈情景"。流沙河向已故的前辈巴金表态:"晚辈不才,不敢说自己也讲了真话。但是敢说,我要力求做到不讲假话。万一讲了,也要知耻脸红,现尴尬态,让听众明白我在讲假话。"

千字文之最后一句是郑重的宣誓:"果能如此,庶几不愧对巴金先生从此远去的背影,纵然写不出像样的作品,都可以过关了。"

流沙河千字文《代挽联赞先生》是一篇很重要的文章,但收入《游心于艺》中的此文,漏字好几处,甚至一次漏掉二十多字,导致句意读不通。错别字也有,如"轮奂"误为"轮换"。还有全不明白什么意思的,如倒数第二自然段末尾的"日月跳丸,于领导二十年矣"——用五笔录入时将"于今"弄成了"于领导"!

考察"流沙河与巴金",还有一首六十六行的新诗《〈家〉的作者》,应该细细研读。《〈家〉的作者》初收一九八三年十一月四川人民出版社印行的流沙河诗集《故园别》一书中,当写于一九八〇年前后。这首不短的新诗除了诗意地转咏巴金《家》所描述的关键内容和著名情节,仍是崇仰地向巴金表达了自己的致敬。

流沙河与巴金一共见过几次面、他谈及巴金的文字还有哪些,随着研究的深入会有明确的答案。让流沙河感念不已的,是巴金不仅写文章大力提倡讲真话,连与同行或朋友见面也时时不忘身体力行地讲真话。已是八十四岁的老人,还要相信来人恭维自己"脸色很红润，非常健康"，岂不是痴人信梦！流沙河以"笑话"形式庄重地记下不足百字的《巴金不受谀》，对后世读者功莫大焉。"讲真话"需要付出代价，流沙河承认自己也会免不了讲假话，但他又立即正告自己讲了假话要"知耻脸红"，这就叫境界。作为四川人，作为川籍作家、学者，我们为拥有巴金和流沙河这样的文学大家而自豪。流沙河所作《〈家〉的作者》原诗如下：

> 那是一座鬼魂蹀躞的大院
> 中庭有老树遮天蔽日
> 晚鸦归自北郊
> 绕巢盘旋乱唱
> 蝙蝠低飞
> 叼一个沉沉的怪梦
> 北堂上老太爷在咳嗽
> 天花板上是鼠的乐园
> 园亭里四爸五爸在玩小旦侑酒
> 假山瘦嶙嶙如骸骨的石化
> 觉民觉慧琴表姐在划船
> 哼一曲流泪的《满江红》
> 池塘里浸着一轮幻月
> 幻月中有一个丫环在哑哭
> 冷蛇爬上寒枝
> 惊起一窠睡鸟

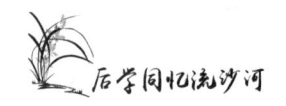

而在北郊的穷山上
海滨堰的佃户
二台子的佃户
忧愁明日用什么去交租
一夜不眠
须发尽白

我从你的《家》中跑出来
一代人从你的《家》中跑出来
外面有激流在喧哗
外面有阳光在唱歌
有翻动九州的风
风在呼唤

那是一座真正的凶宅
你的家　你的《家》中的家
成都的老街坊至今还在说呢
东珠市街李家花园
一个"书香门第"
门口挂着金字楹联
"国恩家庆""人寿年丰"
说你从那里跑出来
从那两扇黑漆大门里跑出来
门前一对石狮目送你的背影

你是李家的"逆子"
不肯回头
乘船浮大江而东去
东方快要亮了
东方将有红日涌出大海
哦,黑夜给你一双黑色的眼睛
你却用它去寻找光明

太阳照亮了你
我们终于发现
你是金
金中的金
人间最美丽的金
谁能统计出来
你的《家》点燃过多少读者
使他们黑铁紫铜烧成了黄金

五十年的流云匆匆过眼
你的黑发换回满头白金
反映着阳光
星星地闪射
可敬的夸父,你老了
但你依然向着东方走去
向着海潮上的红日走去

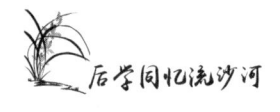

一步一回头
用你诚实的眼睛
透过深度的镜片
望着来者
望着我们

流沙河与巴金

流沙河写《云淡天高》

流沙河二〇〇九年八月四日在成都大慈寺与友人例行"周二茶聚"时，回答了茶友关于歌词《云淡天高》写作缘由的提问，流沙河的回答经该茶友记录并整理成文后，发布在他当时于天涯社区开设的博客《茶馆问学记》中，大意为：该歌词是成都石润声找到我，说谷建芬委托我写一首诗再由她谱上曲，好像是她的学生在给她贺寿的晚会上演唱，在中央电视台播出，最后一首唱的，她和她的学生毛阿敏、那英和孙楠等都唱得哭了起来。

这首题为《云淡天高》的歌词全文如下：

> 风也过，雨也过，风风雨雨都留给历史的漩涡；
> 悲也过，喜也过，悲悲欢欢都沉入记忆的长河。
> 看窗前灿烂秋光，一片成熟的晴和。
> 好也过，歹也过，好好歹歹都属于他人的评说。
> 看天外缓缓飞翔，一群自由的仙鹤。
> 云淡天高，云淡天高，万山枫叶红似火。

流沙河记性好，他用四川话朗诵完了全部歌词后，还自我评

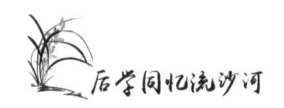

说道:"我认为世间一切,转眼云烟,一切都成为历史、成为过去,什么都带不走。所有的人都是输家,只有时间是唯一的赢家,这确实让人很伤感。"

《云淡天高》词作者本人自述该歌词的创作由来,一般来讲当然应视作珍贵的"一手史料",但倘若当事者本人也没弄清楚所述事情的原委,其"自述"则还得经过一番更为可靠的"田野调查"取得更为明确的佐证且反复核实无误后,方可被认定为史实。

由流沙河作词、谷建芬谱曲的《云淡天高》,二〇〇一年九月七日在中央电视台新闻频道首次播放,的确是在谷建芬贺寿晚会即《绿叶对根的情谊——谷建芬作品音乐会》专题演唱会上的最后一首歌曲,由谷建芬率其弟子毛阿敏、那英和孙楠等共同演唱。因为词曲作者和演唱队伍为"强强联手",一经播出,顿时成为经典歌曲,二十多年来被反复播放或演唱。但是,歌词写作和配上乐谱乃至公之于世的真实动因,却并非如流沙河"自述"的那样简捷和顺利。

二十世纪八十年代前被借调到四川省戏剧家协会工作的石润声,二〇〇〇年初夏受四川电视台"黄金十频道"的委托,准备创办"乐龄时空"节目,该节目需要聘请几位德高望重的文艺界前辈担任顾问并需要一支主题歌。石润声首先想到成熟的老诗人、朋友流沙河,觉得只有他不仅可以担任该节目的顾问还可以创作该节目主题歌的歌词。这年五月二十一日的私人记录中,流沙河写道:"昨夜石润声来,嘱任他将主持的乐龄时空之顾问,兼写一歌词。允。"流沙河五月二十二日上午改定了题为《云淡天高》的歌词，还应石润声之请为该"拟议"中的节目题写了"乐龄时空"四个毛笔字片头。

石润声五月二十四日下午专门来余宅取走"刊头字与歌词《云淡天高》"，他读了歌词后，觉得可以为流沙河创作的这首《云淡天高》歌词谱曲的，也只有谷建芬。于是他就把流沙河的《云淡天高》寄给北京的中国音乐家协会转请谷建芬谱曲。但是，这档有流沙河应石润声盛邀参与的"拟议"创办的"乐龄时空"节目，在四川电视台"黄金十频道"却未获通过，这首在成都诞生歌词后来传遍圈中的好歌并没有在成都首次演唱或播放。

还是谷建芬"识货"，在她的贺寿晚会即《绿叶对根的情谊——谷建芬作品音乐会》专题演唱音乐会上，以压轴曲目隆重地首次推出了《云淡天高》，这已经是流沙河写作歌词《云淡天高》近一年半以后的事情了。

石润声，比流沙河小一岁，一九三二年出生，一九四八年随父母迁居成都，先后在华西协合中学、铭贤中学就读，一九五〇年参加中国人民解放军，进入总参第二通信兵学校和高级通信学院学习、工作。一九五八年转业后进入成都市话剧团从事话剧表演，并多次参与四川省或成都市广播电台广播剧、小说连播和诗歌朗诵会等文艺活动。一九七九年底借调到四川省戏剧家协会工作，一九八二年至二〇〇三年主要从事电视剧制作与国外电视剧译制配音等工作。

还有一个细节要订正，流沙河回答茶友提问时说谷建芬比他小一岁，也不准确。谷建芬一九三五年出生于日本大阪，比流沙河小四岁。

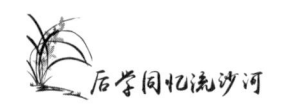

流沙河与王禹偁《清明》

由我独力策划组稿并担任责任编辑的二十五万字《流沙河短文》，二〇〇一年八月在我当时供职的四川文艺出版社公开印行，其后好几年内都是隔几个月加印至少五六千册，一直是读者喜爱的优质长销书。这部书中收有一篇"短文"《晚窗偷得读书灯》，该作品二〇〇〇年初刊于天津《文学自由谈》第三期时题为《书生似罪僧》。如今完全记不起来，是我建议流沙河改掉原题的呢，还是流沙河自己改了才编入此书的。八年后此文又以《晚窗偷得读书灯》为题编入二〇〇九年七月青岛出版社印行的《晚窗偷读》一书中。我清楚地记得，这个"晚窗偷读"是我从《晚窗偷得读书灯》篇名中提取的，请流沙河用毛笔写了一个书名，手机拍图片传出版社设计封面，前不久还见到先生的这幅亲笔手泽。

编撰《流沙河著译篇目》这类工具书时，上述这种三个不尽相同的文章篇名实为同一篇作品，文本（版本）学上称之为"异题同文"。这件异题同文的读书随笔类短文作品，在行文结构上的起承转合堪称规范，流沙河真不愧为文章高手，至少我认为是值得反复阅读后还要再读再品的好作品。我们以《晚窗偷得读书灯》为此文的代表性题目，谈一谈与之相关的问题。

流沙河这篇《晚窗偷得读书灯》，其实就只说了一件很小很小的"文事"，即：二〇〇〇年清明节那天上午"大慈寺茶聚"，流沙河自己因清明节而记起了"少时一读成诵，至今背得"的《千家诗》上一首也题为《清明》的诗，但"忘记了"作者是谁，因为实在易记好懂，于是"我才念出来，友人就懂了"。茶聚后流沙河"回到家中，戏改此诗"，改毕，"忍不住独自笑，觉得好玩"，再"翻书才知"，此原诗的作者为宋人王禹偁，"已故九百九十九年了"，但他带着《清明》这首诗几乎每年在清明节那天都"陪伴过我，安慰过我"。

　　我们先来欣赏流沙河根据王禹偁《清明》"戏改"后创作的七绝，题目和诗前小序为我所加。

清　明
戏改宋王禹偁同题诗
流沙河

无家无友过清明，
心态惶然似罪僧。
白日红旗瞒场长，
晚窗偷得读书灯。

　　这"戏改"的七绝，就是二〇〇〇年清明节上午与"不多"的"大慈寺茶聚"之"友"回忆内容的"诗化"表述，特原文抄录第三段对于此七绝的分行解说，供读者分享。

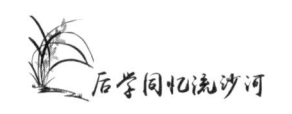

那是六十年代"文革"前的事了。当时我以戴罪之身,在成都北郊凤凰山麓劳动改造,生活艰苦。此处有小农场,省文联的,田畴数亩,房屋一座,人员二三。我在农场种棉花,种油菜,喂猪,煮饭,皆甚努力,不敢稍有公私过犯。夜晚灯下攻读古籍,兴味盎然。场长偶尔劝导我莫再读书,但是并不禁止。有一日,他来说:"流沙河,你要争取摘帽,不要再读这些古书了。摘了帽,安个家,才是办法。这农场哪能是久留之地啊!"随即抱来厚厚一叠《红旗》,这是当时中央办的政治思想月刊,放在桌上,叫我学习这个。还说要帮助我早日摘帽,使我深受感动。此后多日,有空就学《红旗》,一本接一本,枯涩如嚼纸,都忍了。只是天一黑,心就慌,挂牵着已读大半部的《说文解字段注》,总想读完。终有一夜,抛开《红旗》,溜回许段二君那里,继续钻研汉字的形音义,兴味依旧盎然不减。乡间静夜,灯下攻读,四野空寂,特别专心。加之白日劳体,大脑休闲,夜来使用,非常活跃,十分敏悟。往往多有独见心得,不免沾沾自喜,差点要说自己是天才了。

依照流沙河自己的叙说,"戏改"的七绝《清明》第三行"白日红旗瞒场长"中的"红旗"要补加书名号,因为是一本杂志的刊名。读明白了流沙河"戏改"宋人王禹偁《清明》的同题诗后,我们再随流沙河对原诗的解读,回头来读王禹偁的《清明》。

清 明

王禹偁

无花无酒过清明,

兴味萧然似野僧。

昨日邻家乞新火,

晓窗分与读书灯。

　　流沙河在文中对王禹偁《清明》的解读为:"无花无酒"映出冷淡生活,"兴味萧然"地孤人一个;任他世人赏花饮酒过清明节,我这个"野僧"一般的诗人独自点灯通宵读书,不随流俗。对这首宋诗七绝《清明》的艺术特点,流沙河的评论是"清澈明晓""文词有简洁之美,韵律有铿锵之美,可读可听,尤可自家娱悦"。末了,流沙河公布了他的重大发现:"翻书才知,此诗尾句有作'晚窗分得读书灯'的。晚窗才通,晓窗不通。"——至此,我们也才完全搞懂流沙河"戏改"王禹偁《清明》而得的同题诗,何以末句是"晚窗偷得读书灯"了,原来是流沙河把他的"科学考证"成果转化为新写的诗行了。

　　然而,"隔行如隔山"。在文化研究方面,不跨行随便乱讲,是无法不遵守的定规。否则,肯定要出洋相、闹笑话。王禹偁这首《清明》不是可以单就字面意思,就可以讲透其涵蕴的。该诗后两行是当时颇为流行的一个重大风俗,即寒食节,一般为三天,到清明节次日清晨天亮为止。寒食节这三天中,不准点燃柴火煮饭,全吃冷食。宗懔《荆楚岁时记》说"禁火三日,造饧大麦粥",我的理解就是在这三天不烧火时,吃提前用大麦熬粥再

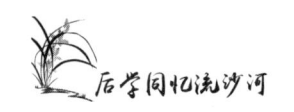

将其制成面团那类干饼类冷熟食物，供人们充饥果腹。

　　王禹偁《清明》写自己这年清明节哪儿也没有去，连夜晚也在通宵达旦地看书。估计每年都这样吧，所以"邻家"照例"昨日"已经约定寒食节过完的那个清晨做早饭前，要来讨借火种即"乞新火"，就是早上天亮时（"晓"）从"窗"外拿来引火的材料，自王禹偁的"读书灯"燃着的灯芯上取得火种，"分与"即分给。联系寒食节期间都不烧柴火这个风俗，"晓窗"就万万不能改为"晚窗"。如果真有一个古本的此诗此句是"晚窗"，自然就闹了笑话了。

　　王禹偁以包含清明在内的寒食节为内容的诗，最著名的还有一首七律古体诗《寒食》，被钱锺书收入《宋诗选注》，原诗照录如下。

寒　食

王禹偁

今年寒食在商山，
山里风光亦可怜；
稚子就花拈蛱蝶，
人家依树系秋千；
郊原晓绿初经雨，
巷陌春阴乍禁烟。
副使官闲莫惆怅，
酒钱犹有撰碑钱。

第六行"禁烟"即不烧火煮饭,三天一律吃冷食。公元九九一年,王禹偁得罪了宋太宗,被贬为陕西商县做商州团练副使。和《清明》那首七绝诗一样,这首诗也是以苦为乐:最小的儿子野地里"就花扑蛱蝶",诗人自己为人写碑文收获少许润笔也有了"酒钱",可以弄点薄酒,也过过寒食节。正如流沙河评《清明》一样,这首《寒食》也是"清澈明晓""文词有简洁之美",中等文化程度的读者不看注释也大致能明白诗人要表达的意思。

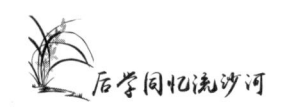

流沙河讲《诗经·召南·小星》

由四川文艺出版社二〇一八年五月印行的《诗经点醒》，是流沙河在"腾讯大家文化讲堂"视频讲课的整理稿。有教学常识的人都知道，为讲课起草提纲等行为，叫"编讲义"。"编"和"著"不是一个意思，后者原则上要求是原创，前者强调只把某一范围经得起检验的定论集中起来条理化然后传授给听众。那种把自己正在探索的东西说给听众，如果够得上"学术"这个层次，只能叫"学术报告"，不能称之为"讲课"。流沙河在腾讯讲《诗经》，根据其录音整理出版的文章也只能称为"讲义"即"讲课稿"。按规范，流沙河主要的任务只能是把相关范围的定论传授给听众。据此，我们对流沙河"讲"《诗经·召南·小星》的核心内容，予以撮述赏鉴。

在该书头一讲《周南·关雎》中，流沙河已解释了"周南"和"召南"："周这个国早在商朝就存在了，在文王的父亲那个时候，汉水流域和嘉陵江流域就已经都是他们的了"，"流入汉口这条汉水流域周武王交给周公去管，周公是周武王的弟弟"，"把陕南跟川北交给召公去管，召公也是周武王的弟弟"；"周公管了汉江流域，直到湖北流入长江，这一片地理区域在古代有多个小国统称为南国，周公管的就叫周南"，"西汉水这边，从陕南的西汉水流域进入四川嘉陵江，归召公管，叫召南"。耐心交代完这些细节常识后，流沙河总结："所以《诗经》里面一开始就是《周南》《召南》，这两个部分就是描写的周公、召公各管的那一片的诗歌。"

千万不要厌烦这些细枝末节的常识，流沙河讲解《诗经》、古文字方面的内容，其强大的吸引力就源于这些落到实处的中国古代文化常识的简洁、生动介绍。流沙河说："周南"和"召南"都是"地理概念"，他叮嘱听众读者"了解一首诗，一定要先了解它（发生）在什么地方"，否则就无法往深处读。自然，快九十岁高龄的流沙河并非治《诗经》学问的专家，但你明白了他讲的内容后，再去查相关工具书温习一下就会更有收获。比如"召南"，在四川人民出版社一九九七年七月印行的《诗经词典（修订本）》设有专门词条，其中写道："西周初期周公姬旦和召公姬奭分陕（今河南陕县）而治。召公奭居西都镐京，统治西方诸侯。其子孙世袭，都称召公。《召南》当是召公统治下的南方地区的民歌，范围包括今河南西南部及长江中上游一带。因在中南之南，音乐上也有自己的特点，故称《召南》。"其实对"召南"历代学者还有多种不同的解释，流沙河仅仅采纳了一种。

为了方便读者理解，还是先把这首古老的诗歌全文录于下：

嘒彼小星，三五在东。肃肃宵征，夙夜在公。寔命不同。

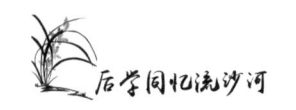

嘒彼小星，维参与昴。肃肃宵征，抱衾与裯。寔命不犹。

参照流沙河讲学的规范，先把这四十个字中难以一眼就认出的，说一说。"嘒彼"，据流沙河的解释，"嘒"在这里读音和含意都同"晦"，光亮不强，暗的意思；"嘒彼"，是双音叠词。"寔"与"实"同，四个古抄本《诗经》中，韩抄本就是"实"。"参"读伸、"昴"读卯，都是星宿名称。"衾"与"裯"，都是卧被，"裯"读仇。扫除了字词障碍，我们随着流沙河一万三千多字的两次解读，来欣赏他的讲课风采。除了《诗经点醒》中的这篇讲稿，还有六百多字的《令人发笑的诗序》，收在二〇一五年一月新星出版社印行的《晚窗偷得读书灯》一书中。

总的来说，流沙河对《诗经·召南》中《小星》的讲解，有两个主要特点：一是对东汉《毛诗序》的解说予以否定，二是吸收唐代孔颖达疏文中的天文地理知识并生动地大加发挥。细读完流沙河两篇共一万三千多字对《诗经·召南》中的《小星》释读，对这首仅有四十个字的古诗，于内容应该是清晰地掌握了。同时，流沙河在讲课中，还对《诗经》的流传史的各个阶段有介绍，对读者更是有益。

关于《诗经》流传的历史，是通识，流沙河基本上是转述。周初就开始流传的《诗经》，传说中的"三千多首"原始"采风"得来的本子，只有孔子删定时见过。经孔子删定后，开始流传开来的，自然也只能是抄本。但这个《诗经》三百首的最早抄本，都被秦火焚烧已尽。文化的力量太强大，孔子编定后，他就用

《诗经》做教科书，他的历届弟子又传教给百姓。这些诗歌本来就是百姓民间的心声，容易被记住。西汉时就出现了齐国抄本、鲁国抄本和韩国抄本，这便是著名的三个古抄本即齐本、鲁本和韩本。东汉的大小毛公毛苌、毛亨也弄了一个抄本，并在每首诗前补上序，序就是如今的题解，序后才是《诗经》原文。东汉晚期的郑玄，再给每首诗加写笺注即著名的"郑笺"。到了唐代孔颖达给郑笺来了一次"疏"，即整理性质地丰富以往的导读文字。唐代后期张守节给《诗经》每首诗的句子"正义"，以评判其前的释说之优劣。流沙河介绍完这个"《诗经》流传史"后，总结说：附于《诗经》流传至今的古人释说是原诗的一千倍。

我细读了《毛诗正义》中的《小星》一节，有两千三百字，原诗《小星》只有四十个字。流沙河在短文《令人发笑的诗序》中，斥责了"可笑一代代读书人，死读《诗经》，祖诗序，宗郑笺"的风气，也不无道理。然而三千多年前的古老诗歌，真还不敢仅仅从今人了解的字面意思上去理解其方方面面，那时的各种风习和生存规范，因为没有丰富完整的文字记载，连最博学的专家，也只可猜测式地去研究。如这首《小星》中的"肃肃宵征，抱衾与裯"，比流沙河年长十七岁的著名小说家艾芜在一九九〇年十月三十一日就专门写出他的考读曰"这是描写婚配集会的记录，各人自带被铺，参加歌舞，然后在山巅水涯野合。其歌中有'宵征'的'征'字，是指参加婚配集会，不是出征的'征'"。这节收入十九卷本《艾芜全集》第十四卷中的读书笔记，参阅艾芜日记得知其前他还专门去陕西等古老地方考察过，不是随便讲的。艾芜对《诗经》还有不少研究，可以参看。

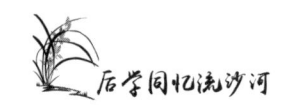

前面说过流沙河驳斥了毛诗序对《小星》的主题释说，在对四十个字《小星》本文的串讲上，《诗经点醒》一万三千多字的《召南·小星》发展了《令人发笑的诗序》的理解。

在《令人发笑的诗序》中，流沙河参照《毛诗正义》并动用了他酷爱的天文星象知识库存，他写道："此诗两章以'嘒彼小星，三五在东'和'嘒彼小星，维参与昴'开头，乃冬夜之星象。天寒霜浓，更见出差官员之苦。"到了《诗经点醒》的《召南·小星》，这个解读有了相当丰富的申说。

流沙河在一万三千多字的讲课稿中，认为"嘒彼小星，三五在东"所呈示"天空的星象"是周朝以前的春季、"嘒彼小星，维参与昴"所呈示"天空的星象"是周朝以前的秋季，而春夏秋冬四季的划分是周朝以后才形成的，《小星》上下两节写的是一整年即春和秋，因为"在商朝的时候甲骨文的一年只有两个季，一个春，一个秋。春就管了夏，秋就管了冬。"这儿的两个"管"是四川方言，相当于"包括"。在我看来，这个天文星象知识应用于《小星》解读，对《诗经》的研究是一个丰富，说成推进也不过分。《毛诗正义》中已有这个天文星象的内容，但不如流沙河阐释得清晰。一个小小公务员一个整年的春夏秋冬包括夜晚为了"在公"的差事而苦苦奔波于途。

按照流沙河的"文本细读"，第一节的"嘒彼小星，三五在东"中的"三"跟"五"在意义上"不是三个、五个，'三'也是一个星宿，'五'也是一个星宿"，"'三'的这个星宿叫'心'，夏天夜晚出现三颗星，三颗是属于东宫苍龙七宿的，龙的星，三颗，所以叫'三星'，专门是一个星宿"，"'五'，五咮，五咮也是一个星宿,这个星座是在春天夜晚天黑以后出现",所以"三五在东"。紧接着下面是一节读来颇觉搅缠的给古人的天文常识正误,回归文本解读是这样的小结:"第一段写的是春季,春天的夜晚,他在路上走,走得很快,前半夜走到后半夜。"

第二节"嘒彼小星,维参与昴","参"和"昴"都是周朝以前的秋季夜间看得到的星宿,参昴在天空交替见到至少要隔六个小时,就是说这个小公务员这一晚走了大半夜。和上半年一样,下半年也是"夙夜在公"。至于第二段中的"抱衾与裯",流沙河不同意历代古人以及中国现代著名诗人和学者闻一多将"抱"解释为"抛"的解,认为"抱"就是"携带"。流沙河现身说法,他在二十世纪五十年代初"当小编辑、小记者出差的时候,也是背个铺盖卷走的",同时联系诗的上下文,"觉得这样子讲它才通"。

对《诗经·召南》中的《小星》这首诗,流沙河的一万三千多字的专门讲解,贡献肯定是有的,把这首诗讲"通"了是他的贡献之一。把《毛诗正义》中引进星象地理等常识解读《诗经》的元素,发挥得尤其有意义。是不是可以作为定论,那是另一回事。《诗经》的语言看似平白如话,但里面的典故、风俗习惯等三千多年前的东西,要彻底弄通,真不容易。

流沙河题 "戴望舒诗句"

终其一生都没有离开家乡四川的流沙河，自二十世纪五十年代中期起直到如今，多种媒体对他的文化头衔定位或曰"称呼"，可以发现有"中国当代著名学者""中国当代文化名人""四川著名文人"，或"成都著名文人""中国当代著名诗人"等，生命的最后十多年他又被认为是"古文字研究家"。但是，流沙河本人还是乐意以"中国当代诗人"作为终生的文化身份标识。流沙河在一九八二年二月七日写给英籍华裔女作家韩素音的一封书信中，恳切地表明了自己藏在心底的文化最终理想："我如果能写出一首活到百年的新诗，死了都会笑醒。"私密文本的记事中，流沙河一九九七年十一月二十八日写道："今晨黎明枕上吟诵古人诗词，至《正气歌》不觉泪下。恐今生本质为诗人，虽然写诗不成功。"在二〇一六年十二月十三日所写《我为什么离开新诗》的短文中，他明确宣布他"二十世纪八十年代结束，良心有愧，逃离新诗"。

然而就在这篇《我为什么离开新诗》的短文中，流沙河列举了曾"多么激动"了他大半个世纪的六位中国现当代新诗人，六位诗人分别是徐志摩、戴望舒、闻一多、艾青、绿原和余光中，依史序戴望舒被排在第二位。其实，从一九四九年八月十八日在成都《建设日报》副刊《指向》以"流沙"笔名公开发表新诗《渡》以来，一直到去世的二〇一九年十一月二十三日，自献身文化事业以来整整七十年，流沙河全身心地沉浸在中国现当代的新诗海洋中。即便公开宣布"逃离新诗"后，流沙河仍不时有随手即兴写出的完整新诗篇章被传布。更有不少中国古代和现当代经典诗词名句被他写成字幅供人欣赏、珍藏，夹放在《流沙河诗存》中题写的"戴望舒诗句"书笺就是其中之一。

由四川人民出版社二〇一九年五月印行的《流沙河诗存》，因为选编者和出版社的责编、责校人员都不是中国现当代文学这个专业领域的行家，所以不仅收入的文本体例有一些问题，如《唤儿起床》一诗有诗首小序，但其前一页的《贝壳》一诗字数更多的诗前序文又被删除，却无任何说明，甚至连所附作者专门为此书毛笔书写题笺的文本也出了问题。

读者见到的印在纸条上，夹放在《流沙河诗存》中的题笺成品，出版社版面设计人员把流沙河手迹最末一行的"戴望舒诗句　流沙河书"连同笔名签名和钤印都往下挪动了位置，还在右下加补美术字书名，再配上金色块状和艺术曲线的装饰点缀，这件题笺成为一枚具有颇高收藏价值的小小印品。但很可惜，题笺上的"戴望舒诗句"，是流沙河凭记忆随手写下的，《流沙河诗存》的选编者和出版社责编、责校人员又没有核实，在文本上造成了无法弥补的小小遗憾。

流沙河记忆中的三行"戴望舒诗句"，被他写出来印成书笺的文字为：

后学回忆流沙河

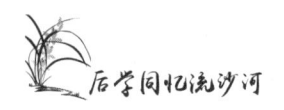

一切美好的东西都永不消逝
它们冰一样地凝结
而有一天花一样地开放

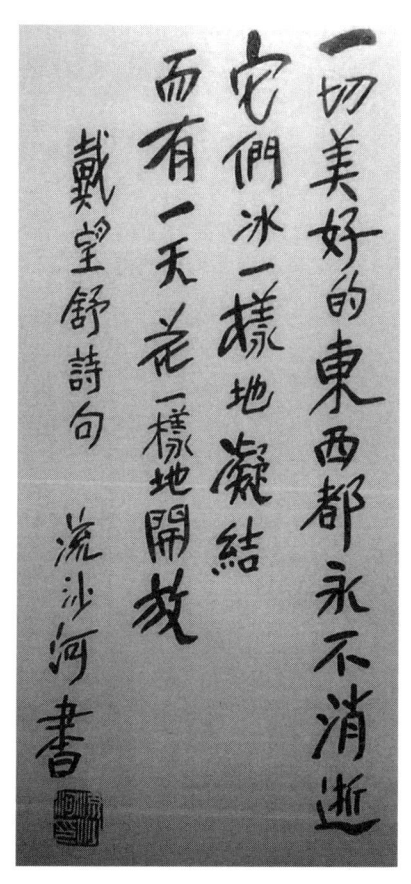

流沙河题"戴望舒诗句"

这三行用作题笺的"戴望舒诗句"源自诗人写于一九四五年五月三十一日的《偶成》，该诗初刊该年八月三十一日出版的《香港艺文》，全诗照录如下：

如果生命的春天重到，
古旧的凝冰都哗哗地解冻，
那时我会再看见灿烂的微笑和明朗的呼唤……
这些迢遥的梦！

这些好东西都决不会消失，
因为一切好东西都永远存在，
它们只是像冰一样凝结，
而有一天会像花一样重开。

这首《偶成》再次发表于一九四六年一月八日《新生日报》时，第一节末两行调整为：

那时我会再看见灿烂的微笑，
再听见明朗的呼唤——这些迢遥的梦。

调整这两行诗，显而易见的原因是订正语法上动宾搭配的错误，"微笑"可以"看见"，但"呼唤"就无法与"微笑"使用同一个动词"看见"。句式上，调整后的两节各四行的字数没有太大的差异，全诗的结构显得更加均衡。

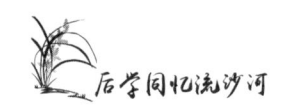

被流沙河凭印象随手默写的三行诗，传达出的"戴望舒诗句"之诗意没有太大的出入，基本属于原诗第二节四行表达的内容。几十年的默诵，流沙河记忆中的这三行还真是比原来的诗句更顺畅上口、更抑扬顿挫。但是，文献意义上的"戴望舒诗句"，却是另外的四行，我们还是要把这一点指出来。

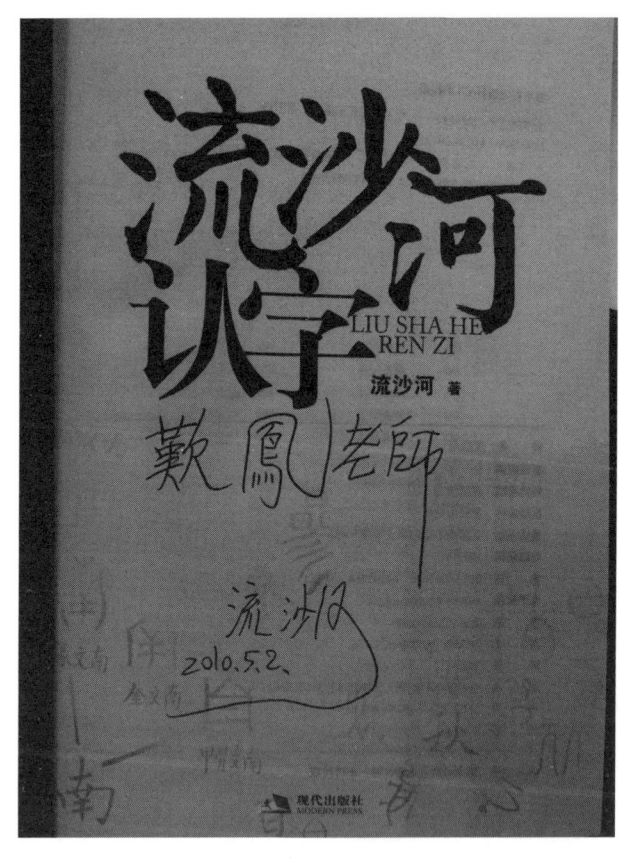

流沙河签名赠书

第三编 清影录

流沙河先生与张阿泉

流沙河在漠北

流沙河曾一度认为自己是"蒙古裔",他有一个美丽的心愿,就是哪一天能到内蒙古草原寻访一下祖地、仔细看看星星。流沙河喜欢天文学,对一切知识都怀着纯然的热爱——我想,在塞外漠北蒙古高原浩瀚的、星河灿烂的夜空下,梦回陌生祖地的他一定格外兴奋,会把意念中熟悉的星宿逐一指点出来。

二〇〇八年一年间,流沙河应我之邀陆续为内蒙古的几位尊敬他的文友题写过几幅墨宝,落款皆是"蒙古裔流沙河七十七岁",因墨宝均经我手转交,故得以先睹为快,并扫描留底。记得其中有一幅是写给作家象丑牛的,内容是"草原上有我六百年前的故乡";有一幅是写给出版家黄妙轩的,内容是"梦归草原,牛羊犹识旧牧童的我";还有一幅是写给作家巴特尔的,内容是"风从故土来"。

二〇〇九年九月四日至七日全国第七届民间读书年会期间,流沙河在鄂尔多斯高原的成吉思汗陵先后即兴题写了"祖先遗迹""风雨成陵,我来寻根"等心语,表达了一个"蒙古裔"对祖居故地的怀恋之情。在"祖先遗迹"那幅题字下面,他还特地加了一条小注:"出席全国第七届民间读书年会,到成吉思汗陵

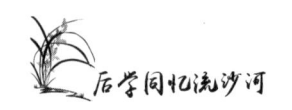

瞻仰遗迹，喜不自胜，恭书如上。同行书友情绪热烈，命余作字，惜乎字丑，惶悚不安，谨记如上。"

近在天涯论坛读到龚明德博文《蒙古裔流沙河先生》，文中介绍，一九八九年十月，流沙河在为"成都市满蒙人民学委会"的留墨中，曾清楚地讲明了自己为何自称"蒙古裔"。那幅墨宝的正文"根寻漠北苍天下，迹寄川西绣水边"，小跋曰："吾家祖先仕于元朝顺帝，为蒙古族，世居湖广。至正十一年，天下大乱，祖先兄弟十人潜逃入川，冒姓余，混入汉族。其中一支累经播迁，定居今青白江区大同之绣水边，至今三百年矣。"

关于流沙河的祖籍和族裔，后来又有了新发现。一九九九年初春，流沙河在其系列短札《拙联丛话》最后一"话"（第四十九段，刊于一九九九年四月二十日《家庭生活报》）中透露了一条寻根信息："前几年受祖兄之托，整理族谱……总算查明白三百年前先祖良公自扬州泰县迁来四川金堂外北绣水河畔垦荒务农史实，知我族七代前是农夫。寻根，暂时只能寻到这里，尚无径可通往漠北蒙古草原，不过临北风而怀想依依罢了。"流沙河认为"宗族史和家族史，对大多数中国人来说，是一笔糊涂账"，此时他虽已对余氏家族的蒙古族源产生怀疑，考证出"余姓先祖系从扬州府泰州县大圣村军旺庄余家湾迁来"，但因仅限于碑上、纸上的族谱追溯，所以仍以"蒙古裔"自号。

二〇〇九年八月上旬，我电话邀请流沙河及夫人吴茂华莅临即将在内蒙古鄂尔多斯举办的全国第七届民间读书年会，他没有犹豫就答应下来，并说："我好多年没有详细地看清天上的星座了，我到了内蒙古，可以指给你们看天上的各个星座的方位。"

流沙河夫妇不习惯坐飞机，所以乘火车从成都赶到内蒙古来，于二〇〇九年九月四日中午从包头东站下车，我接上以后驱车直奔鄂尔多斯，傍晚才抵达响沙湾，当夜阴云密布。接下来的九月五日至七日，整整三天，全是阴雨霏霏，夜晚更是漆黑而不见星月。一向干燥少雨的高原，竟然变得如同巴山蜀水一样"夜雨涨秋池"。在九月六日的成陵欢迎午宴上，内蒙古哲学学者曾宪东说："是远方尊贵的客人给鄂尔多斯带来了雨水。在鄂尔多斯，雨水是珍贵的，下雨就相当于下羊肉、下人民币。"虽有小曾哥此说，但我还是因天公不作美导致流沙河无法望星空而深感遗憾。

　　快乐的时光从来易逝，全国第七届民间读书年会的三天会程转眼就过去了。九月八日上午，大巴车拉着最后一批与会代表离开了鄂尔多斯下辖的伊金霍洛旗乌兰木伦小镇，驶往包头中转，中途阴暗的天空终于放晴，一下子变得阳光明媚。当晚，在包头机场送走龚明德后，我陪伴流沙河夫妇乘小型面包车走高速赶往呼和浩特，接续后面的日程。呼包高速公路紧邻着在中国地理与历史上都非常著名的阴山山脉，行车方向是向东，不久就看到了一轮硕大金黄的圆月童话一样低低地悬在东方的天际，满天星斗也逐渐亮起来。流沙河兴奋地把头靠在打开的车窗上，一边望星空一边辨识星座，并感叹说："只有在北方、在高原才有机会见到这么亮的星星和月亮啊！在成都，我已经一二十年没有欣赏到星星和月亮了！"从包头到呼和浩特路程一百八十多公里，历时两个多小时，小型面包车紧贴着阴山脚下奔驰，流沙河一路看星月、聊阴山和匈奴的历史往事，兴致特别高。

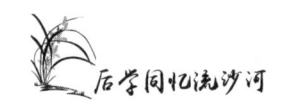

当晚抵呼后,我安排流沙河夫妇入住安静的内蒙古大学桃李湖宾馆。之后的第二天和第三天,夜间又阴暗无星了。一直渴望仰望星空的流沙河,在内蒙古逗留期间虽实现了"望星空"的夙愿,可惜机会太少,只有九月八日夜里那一次。进行完在呼的日程之后,九月十一日中午二时许,我又送流沙河夫妇去呼和浩特火车站返成都。在火车站软卧通道门口,流沙河与我握手告别,并感叹"人生总是聚散匆匆"。

二〇一六年五月,为实地踏勘"我从哪里来"这一哲学命题,流沙河在胞弟余勋禾陪同下,亲往江苏泰兴济川街道办商井社区(原城北商井村)寻根,最终发现:"大圣村军旺庄"乃"大生村郡王庄"之误;余家先祖虽姓余,却是汉人,不是元朝铁木真的后代"铁改余",但为了在政治上获得地位,就投靠余家湾(即后来的商井村)大户蒙古余家,认了本家;三百多年前在"湖广填四川"历史背景下,余家先祖遂携眷离开江苏,奉调四川为官、为民。

流沙河后来在《祖宗改家谱》一文中这样纠谬:"几代人的错误,只有我自己去了才真正发现我们就是农民,不是蒙古贵族的后代,而且我为这个事情还犯了错误。成都市满蒙学会,他们就觉得我们是蒙古人后代,结果就喊我写了字,我还题了字,题字上面我还说我们祖在元朝怎样怎样,等于我无意之间重复了第三代祖先余绍虞的谎言……我去泰兴这一趟还是值得,因为这个祖宗改家谱的秘密传了好多代,到我这一代,我毕竟还是个文化人,所以我终于把真相搞清楚了。"

从这次江苏泰兴族源调查之后,流沙河似再也没有自称过

"蒙古裔"。不过据余勋禾讲："蒙古人后裔的说法，在我族内根深蒂固。不完全否定，骑墙也是一派，也是选择。"

在二〇〇九年九月上旬流沙河偕夫人做漠北之行时，他尚未把第三代先祖闹的错误实地调查清楚，故还是以"蒙古裔"的身份和心情庄重地来内蒙古寻根，收获了很多新鲜的观察与感受。同时，作为流沙河生命中唯一的一次草原漫游，此行无疑也为他敏感纤细的诗人之心注入了一脉辽阔苍茫的北国豪气。回到成都后，流沙河曾把我在全国第七届民间读书年会上赠送的老版黄皮精装竖排本《蒙古秘史》（额尔登泰、乌云达赉校勘，内蒙古人民出版社一九八〇年九月第一版，一九八一年三月第一次印刷）仔细读了很久，书中有一段蒙古民谣一样的粗朴描述段落，尤其让他击节赞叹。

二〇〇九年九月十四日，得闲写就初稿；二〇一九年十一月三十日，流沙河病逝七天后据初稿修订补正；二〇二三年三月十四日，专为四川省金堂县主题公众号"流沙河园地"改定。

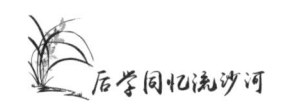

流沙河内蒙古草原八日行记

小　序

二〇〇九年九月五日至八日，由内蒙古藏书家协会《清泉部落》编辑部、内蒙古鄂尔多斯市人民政府、鄂尔多斯市伊金霍洛旗乌兰木伦镇人民政府联合主办的"第七届全国民间读书年会暨鄂尔多斯笔会"，先后在鄂尔多斯市响沙湾、成吉思汗陵、伊金霍洛旗乌兰木伦镇举行。这是内蒙古方面第二次成功举办全国民间读书年会（第一次是二〇〇六年八月承办的第四届全国民间读书年会），仍由我和龚明德联手操盘。来自北京、上海、天津、内蒙古、山东、江苏、湖北、广东、四川、江西、湖南、安徽等地的六十余名作家、学者、编辑、记者、藏书家、独立书评人、书商、民办读书报刊主编（总编辑）参加了本届年会。

本届年会参加者踊跃，尤其是邀请到流沙河、来新夏两位中国读书界大咖，留下不少故事与佳话，成为若干与会代表笔下的素材，其中李俊义、袁刚在二〇〇九年十二月底整理写竣的长篇实录《全国第七届民间读书年会亲历记》颇为全面精详。本文系我继《流沙河在漠北》一文后所写的第二篇较长札记，以全程陪伴视角，主要追踪流沙河此次内蒙古草原八日行的言行花絮，作为《流沙河在漠北》粗线条勾勒的细节补充，亦为流沙河研究留下一份文献档案。

筹备日，二〇〇九年九月三日，呼和浩特至包头，晴朗

下午两点许，与内蒙古学者曾宪东一起坐他女儿曾岚派出的车，从呼和浩特直赴包头，途中与曾宪东畅聊并翻看其日记体文字。下午四点半许，抵达包头机场，冯传友、李城外已提前到了这里。汇合后，一起为龚明德接机，接着入住机场附近的宾利酒店。

当晚，我招呼大家到包头东河区"固阳村"饭店吃饭，为龚明德、李城外接风，一番叙旧与酒欢，好不快活。所在餐室门口贴着一副土味儿对联，上联"三分红泥七分田"，下联"一股清泉肥家园"，横批"红泥井"，虽完全不符合规范，亦觉粗豪有趣。

夜九点许，宴散回到宾利酒店，龚明德从曾宪东房间搬到了我的房间，各据一床，一直茶聊到凌晨三点许才兴尽睡去，相约明天中午去包头火车站接流沙河夫妇。我送龚明德民报《清泉部落》毛边合订本一本，他送我土黄色真皮拖鞋一双。

第一日，二〇〇九年九月四日，包头至鄂尔多斯响沙湾，多云转阵雨

一早就听说曾宪东昨晚吃饭时酒后健忘，把手机、眼镜都落在了"固阳村"饭店，于是叫上龚明德，陪曾宪东一起去找，几

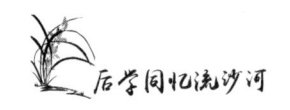

经周折问询，终于找到了。三人还顺便在"固阳村"饭店各自吃面一碗。

上午十一点后，我与龚明德打车到包头火车站接站。因在站外站立太久，龚明德遂把手里拿着的报纸铺在地上小坐休息。随后与火车上的吴茂华通电话，曾宪东的胞弟曾宪晃开车亦赶到了车站。

近中午十二点，流沙河夫妇出站，我与龚明德迎接之。我欲代拿流沙河手里的旅行用大茶杯与行囊，他不肯，执意自己拿着，不麻烦别人。我让龚明德陪流沙河夫妇坐着曾宪晃的车先回宾利酒店休息，我又在包头火车站外等到十二点半左右，终于接到了从天津赶来的来新夏夫妇及王振良、张元卿两位代表，近一点才打车回到宾利酒店。刚进酒店，就撞见一大群与会代表等候在一楼大厅，负责接待业务的冯传友正与呼市来的大巴车司机激烈争吵，不知原因为何，后来还是司机做了妥协，拉上第一波与会代表出发奔赴鄂尔多斯。

中午一点半许，我带着流沙河夫妇、来新夏夫妇到宾利酒店二楼餐厅补吃午饭。饭毕即回房间拖上行李，我同时招呼上黄妙轩、李凌歌两位，大家下楼分乘曾宪晃及包头法院的两辆车，奔赴包头土默特右旗境内的美岱召采风。我与来新夏夫妇等坐的车经过一小时的飞驰先到了美岱召，流沙河夫妇及龚明德乘坐的曾宪晃开的车因走错了路，延误了半个小时才到达。汇合后，一众人一起畅游这座明代古寺，走城墙、入大雄宝殿、赏明代古松，并在两棵巨大的古松下合影留念多张。流沙河是第一次来内蒙古、第一次逛古意森森的美岱召，所以情绪很是兴奋，游兴颇浓,看得、问得都比较仔细。

观览美岱召到下午五点半许,天空忽然下起急雨来。于是大家恋恋不舍地上车离开古寺,一路风雨奔赴鄂尔多斯著名景区响沙湾。响沙湾,蒙古语译作"布热芒哈",意为"带有喇叭的沙丘",属沙漠风光,位于库布齐沙漠东端,沙丘呈月牙形,高约八十米,绵延数里。

当晚七点许,两辆车抵达响沙湾,一行人直奔一座大蒙古包餐厅,与先期到达的代表们汇合,开始吃晚饭并观看舞台上的"鄂尔多斯婚礼"歌舞表演。包内还有一群内蒙古电信系统的人在联欢聚饮,所以人声嘈杂,比较乱。暗淡的光线里,大家吃饭、碰酒、低声交谈。赵一兵、贺雄飞等也陆续赶来,参与到晚宴中。也许是因一路奔波饿了,流沙河虽是初次吃以牛羊肉、血肠、奶茶、炒米为主打的蒙餐,竟没有什么不适应,吃得津津有味。

晚九点许,我、龚明德、曾宪东陪着流沙河夫妇、来新夏夫妇吃完晚饭,遂离开大蒙古包餐厅,到响沙湾宾馆各开了一个大套间住下休息。此时,冯传友从包头又用大巴车接回了第二批参会代表,但一不留神还是把沈文冲夫妇给落下了,两口子只好打车从包头赶到了响沙湾宾馆。

晚十点许,我到宾馆一楼的会务组找马营寨提取特别定制的深黄色纯牛皮大手提袋五个,然后到流沙河夫妇房间、来新夏夫妇房间、龚明德房间分送,以供会议期间便携使用。流沙河收到这个"蒙味十足"、简洁实用的纯牛皮大手提袋后,连连道谢,很是喜欢。

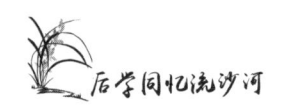

晚十一点许，我邀请龚明德、董宁文、沈文冲、谭宗远等好友到宾馆大餐厅布置第二天的开幕式会场，把若干圆桌摆成了一个大长方形，拉好会标。继到会务组与张杰、马淑敏等工作人员一起加班到凌晨两点许，才收工回房间休息。

第二日，二〇〇九年九月五日，从响沙湾到成吉思汗陵，阵雨

早七点三十分以后，与会代表早餐。八点三十分，来自北京、上海、天津、内蒙古、山东、江苏、湖北、广东、四川、江西、湖南、安徽等十多个省、自治区、直辖市的六十多名代表陆续步入会场，参加第七届全国民间读书年会暨鄂尔多斯笔会开幕式。

八时五十分，年会暨鄂尔多斯笔会正式开幕。我作为主持人，首先代表主办方对来新夏、流沙河的莅临表示感谢，对与会的各位书友的到来表示欢迎，祝愿大家在内蒙古开会期间精神愉快。之后，我邀请响沙湾旅游区刘卫东经理致辞，向与会人员介绍了响沙湾旅游区的旅游服务特色。随后，我安排鄂尔多斯市政协副主席安源以当地与会代表身份率先发言。安源发言之后，曾宪东即兴发言并现场宣读了他的反思文章《红袖添乱难读书》。

九点四十六分左右，我隆重邀请流沙河发言，他拿起话筒即兴说："各位朋友，我和我爱人吴茂华来这里开会，为了安全起见没有乘坐飞机，而是从成都坐了三十多个小时的火车才赶到这里来的，路途可以说是非常遥远。我是第一次参加这样一个民间读书会。刚才我听到来新夏教授为我们讲授怎样读书的问题，觉得很有价值，因为来教授担任过南开大学的图书馆馆长，读书他是内行。我也曾经管理过图书，那是一九五八年前后，当时我所在的单位查封了大批'封、资、修'的所谓'有毒'的图书，由于我已经是'攻击过党的人'，所以单位就派我去看守那些'有毒'的图书。我在那个环境中工作多年，读到了被批为'封、资、修'的中外名著。所以，我对我的这一生的遭遇感到非常欣慰：如果我不被打成'右派'的话，恐怕还读不到这些所谓'封、资、修'的书籍。读到这些书，大大地开拓了我的眼界，改变了我对很多事物的根本认识，使我明白了很多事情的本质和真相。所以，我十分赞成来教授所说的把'学海无涯苦作舟'的'苦作舟'改为'乐作舟'。那么，读书'苦作舟'的人有没有呢？我认为，现实中有很多中小学生的读书就是'苦读书'，而他们的这种'苦读书'是不科学的教育制度造成的。现在，人们把大量的书籍拿去让这些年轻的孩子读，把他们的双休日都占去了。这样子去读书确实非常苦，因此这些孩子在读书时都是皱起眉头读的。这种违反科学规律的做法是要不得的，至少我不赞成这样做。我所要提出的是，我们都应该快乐地读书。那么，这种'快乐'又是从哪里来的呢？这个快乐是我们思想中就有的吗？本能的感受，我们读书的快乐是从书里面来的，但并非每一本书都能带给人快乐。因为有很多书不但违背了事实、扭曲了观点、散播了荒谬，而且语言污秽、面目可憎，这样的书就很难给我们带来快乐。我这几十年的感受是：凡是读过的书，后来都被我记在脑子里了。我能够拿来读的，都是一些很有趣味的书。所读之书本身一定要有趣味才能带给我们读书的快乐，一本无趣的书不

可能给我们带来快乐。我在童年时代就读了叶圣陶等人编的一些儿童刊物,后来又读了开明书店编辑发行的《中学生》杂志,这些书里的很多内容直到老了,我还清晰地记得,因为这些书本身都是带有趣味的。除此以外,还有一些书也能给我带来快乐,例如在'文革'时没有任何书可读,我意外地得到的一部《诗经》就带给我很多快乐,因为它不仅是一部伟大的书,更是一部具有高级趣味的书。在我的童年和青年时代,每到这个季节在我四川家中的黄昏时候都能看见一种鸟儿排成'一'字从天空飞过,那就是大雁。当时我并不知道这些候鸟从何而来,读了书才知道所有的候鸟都是从西北方向飞来。这就是我童年的记忆。到我中年以后,成都的秋天便再也看不到候鸟从天空飞过。国家在工业化,世界在现代化,这些确实给人们带来了丰厚的物质生活,但那些候鸟的命运却没有人再去过问。还不止是这样,成都的天空以前每年有一百二十个晴天,那些夜晚可以看到满天星斗;上世纪七八十年代以后,天空逐渐被工业废气所污染,而今成都的夜空根本就看不到星星。一次,在北戴河的一个夜晚,我突然看到满天的星星,那时才想起我已经有二十多年没有看到满天星斗是什么样子了。几十年以来,中国的大地发生了巨大的变化,天空也发生了巨大的变化:我们的大地上物资丰富,大家生活得很快乐;天空却变得没有一片光亮,再也看不见星星和大雁了。丧失了天空,人们便等于丧失了灵魂,这是我很久以前就感受到了的。像我们这许多认真读书求学的人,分散在全国各地,便是少数的少数的少数。因此,今天在这里看见了大家,我就像看到了自己灵魂的天空一样高兴。"

流沙河在内蒙古响沙湾参加全国第七届民间读书年会暨鄂尔多斯笔会开幕式

在流沙河发言后的十点许，龚明德补充说："流沙河是轻易不参加会议的。他虽然是四川省作家协会副主席，但每次开会时，他姓名牌背后的座位总是空的。在我的印象里，这是他二十年来第一次出席这样大规模的会议。"

年会开幕式于十点零五分结束。十点十分左右，参会全体代表在响沙湾宾馆贵宾厅门前广场合影留念；十点半左右，年会专家主题讲座转到响沙湾宾馆贵宾厅举行。

在龚明德、曾宪东（徐无鬼）两位成都、呼和浩特的专家分别做了主题发言之后，流沙河在十一时三十分左右第二次发言，专门就中国汉字之繁体字与简化字问题做了深刻阐述："刚才已经有人提到了繁体字和简化字的问题，这个问题绝非小事，它与

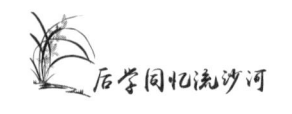

我们每一个中国人都有关系，与千千万万的中国学生更是关系密切。我认为，以往我们在语言学和文字学当中有一个基本理论是不正确的，那就是仅仅把语言和文字当作一种工具和记录工具的符号。对于汉语和汉字而言，首先它是一种工具，拿来让我们彼此交流；是一种符号，让我们用来记录一些事情。但它们不仅是一种工具与符号，还包含了巨大的文化含义，这是汉语和汉字与其他语言文字之间最大的不同。谈到繁体字和简化字，我们首先要谈谈这个问题的来源。早在新中国成立以前，简体字的概念便已经产生，但它还只是一种非正式场合使用的简化汉字，并没有成为棘手的问题。进入二十世纪五十年代以后，文字改革工作的展开使繁体字成为一个大的问题。早在中华人民共和国成立以前，一些先进知识分子便提出了以字母文字取代传统汉字的设想。在他们看来，中国之所以落后就是因为文化传统的落后，而汉字是中国文化传统的核心，所以必须将其废除，走汉字拼音化的道路。文字改革则正是将这一提法付诸实践。但是，当时参与这项工作的专家意识到立即废除汉字实行拼音化的路线困难重重，所以文字改革要慢慢地进行，于是有了汉字的简化。这次汉字简化与过去人们写简体字有根本上的不同：过去写简体字用于非正式场合以方便书写，而汉字简化则是为了废除汉字本身而作的一项准备。由于将汉字简化是出于废除汉字的目的，所以专家们在制订汉字简化方案时有些问题考虑得便不是很周到，简化得也就过于随便了。进入二十世纪八十年代以后，经过很多波折的先进知识分子意识到汉字存在的合理性、重要性和必然性，明白了不应随随便便地将汉字废除，废除汉字将使中华民族不能屹立于世界。这样，使我们重新回过头来考虑简化字简化得是否有道理的问题。下面，我们不妨举几个例子来讨论一下这个问题。我们这个会议室墙上悬挂着'全国第七届民间读书年会暨鄂尔多斯笔会专家主题讲座'的横幅，我们可以选取'笔会''专家''主题'六个汉字为例。先说这个'笔'字，上边是一个'竹'字，表明毛笔的笔杆是竹子做成的；下面是一个'毛'字，我认为也是说得通的，因为它使人马上能够看到毛笔的意向。这个字简化得还不是很糟糕，它能使人清楚地看明白字的含义，也符合汉字的结构规律。但是，这个字有没有缺点呢？我认为它显然是有缺点的。五十年代以后，随着硬笔的普及，很多人都不再使用毛笔了，现在以毛笔作为书写工具的人就更少了；因此，这个汉字简化得虽然有道理，却难以很好地反映现实。这个字的繁体字写作'筆'，上面还是一个'竹'字，下面则是一个杜聿明的'聿'字；而'笔'字最早的写法就是一个'聿'字，这个字在上古的甲骨文、金文里面画的只是一只右手中间插着一支笔杆，实质就是右手握着一支笔的含义。所以，以后即使我们不再使用毛笔了，'筆'字依然能够表示右手拿着一个书写工具——笔的含义。这表明，笔字的繁体字写法比其简化后更能适应时代的变化。下面我们来看这个'会'字。这个字的繁体写作'會'，上面是一个房子，下面表示的是一个锅和一个蒸笼，而古人开会需要吃大锅饭，所以如此造字。可这个字简化后就毫无道理了，难道是为了符合现在开会时会场的人吸烟如云雾缭绕，抑或是会议把大家弄得云里雾里也未可知。"

发言中，流沙河还分析了繁体字的合理性："譬如我们说

179

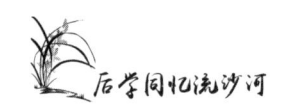

'专家'的'专'字,繁体写法是'專',它由两个部分结合而成,上边表示一支旋转的陀螺,下面表示一只手,它表示的是手中的陀螺不会被固定住,会沿着一定的方向旋转,这样便引申出'专一'之意,此后其意义又不断丰富。'家'字的上面是房子,下面是一个'猪'字,指的是种猪,表示男子要和女人交配而成家,且男人到女人家居住谓之'家',后来女子到男子家与之成婚则谓之'嫁'。这两个简单的字体现了母系社会向父系社会转变的历史轨迹,世界上没有其他文字能有这样深厚的历史文化含义。可是,如果将'家'字改变成拼音文字,无疑是对这种历史文化价值的戕害。再说'主题'的'主'字,它本是一个象形字,东汉许慎在《说文解字》里对它的解释是'灯中火主也',指火烛之意,后来又不断引申为现今这样的多重含义。这个字的存在使我们知道祖先生存年代的照明工具,可以使我们更好地缅怀我们的祖先;如果将其变成拼音文字,则其意义便会变得无法解释了。最后,我们来看'主题'的'题'字,其繁体写法是'題'。这个字的右面是一个页码的'页'字,它有'头颅'之意,故而'题'字与头颅密切相关。'题'字左面的'是'字,它没有任何意义,只是个声符而已。后来,这个表示与头颅有关的字几经引申便具有了现今的丰富含义。综上所述,汉字是有生命力的,它使我们祖先的智慧和中华民族的文化传统得以绵延至今,而世界上除了汉字,没有一种文字可以流传三千年以上。统一的汉字使汉语不同方言区的人们有了血肉联系,如果没有它们,民族的凝聚力便会受到很大的损害,甚至整个国家都会分崩离析。因此,我们应该爱惜汉语,更应该爱惜汉字。我个人认为，爱惜汉语、爱惜汉字就是爱国。"

近中午十二点，上午的会议议程结束。十二点半左右，午餐开始。午餐后，与会代表们回宾馆房间短暂休息。我到董宁文房间，赠他纯牛皮大手提袋留念。

下午两点二十分许，年会暨鄂尔多斯笔会小型古旧书竞买会正式开始，全场活动由内蒙古藏书家协会副理事长、呼和浩特市收藏家协会会长王树田执棒主拍。此次竞买会组织的参卖书籍凡二百六十多种，规模虽不大，但多为古籍、民国图书和二十世纪八十年代以前的旧书，品质很高。这个小型古旧书竞买会是整个年会暨鄂尔多斯笔会的一个亮点、热点，极大地满足了全国各地书友的淘书瘾，有七十多本各具特色、独一无二的好书被现场买走，其中最火的一本拍品当属四川文艺出版社出版、龚明德责编的《流沙河短文》第七十九号签名毛边本，拍得八百一十元高价，成为本次竞买会的"标王"，被贺雄飞买走了，流沙河还为该书题签并表示"价格抬得太高了"；另有一本流沙河早年诗集《告别火星》，拍出了三百四十元高价，被董宁文拿下；其他还有线装清刻本《诗法入门》（一函）、郁达夫名著《沉沦》民国版、郑昌（田家英）著土改长诗《不吞儿》、萧乾编《英国版画集》毛边本、《流沙河近作》毛边本、《躲在书籍的凉荫里》毛边本、民国铅印线装书《贪官污吏传》、三册民国扫叶山房石印线装书《诗经集传》、民国上海锦章图书局石印线装书《对联汇海》等书都被与会代表以百元以上价格或竞买底价买走（其中《英国版画集》毛边本被我以一百一十元购得）。此次竞买会持续了近三个小时，成交额过万元，搞得十分成功（会后的九月十九日《呼和

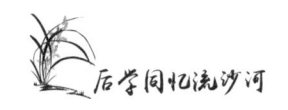

浩特晚报》第十五版即"收藏"版，在头条"藏界聚焦"栏目刊出了该报记者牧兰采写的一篇报道《第七届全国民间读书年会在鄂尔多斯举行，"珍本书小型竞买会"受追捧》）。

下午五点二十分许，竞买会圆满结束；六点十分许，与会代表们离开响沙湾，冒雨乘大巴车前往第二站成吉思汗陵。我搭乘黄妙轩、象丑牛的专车，与大巴车一路同行，约在七点五十分许抵达成陵。大家先找到餐厅匆匆吃完晚饭，然后在细雨霏霏中拎着行李寻找各自所住的蒙古包。成陵这家"布拉克浩特"酒店，客房均是散落草地、间距很远、有曲径相通的蒙古包，包内一般设有两个单间，内部设施非常现代化。

暗黑的高原雨夜中，与会代表们瞬间脱离了集体，被分散到若干蒙古包客房里，都成了孤独的个体，想来代表们此时约略可体味到蒙古牧人平日艰辛寂寞的生活境况了。我独住十号大蒙古包（两个单间打通连在了一起），长夜里始终响着"雨打包顶"的声音。

第三日，二〇〇九年九月六日，成吉思汗陵至乌兰木伦镇，阴雨

晨七点许，与会代表们起床洗漱后陆续到布拉克浩特酒店餐厅吃早点。此时，外面又下起了绵绵细雨，寒意沁人。

酒店餐厅供应的是自助早餐。负责会议全程记录的李俊义、袁刚两位，特意与流沙河、吴茂华、龚明德等人同桌用餐。其间，流沙河向李俊义、袁刚谈起了他的家族是蒙古后裔的问题，这也是他欣然应允亲赴内蒙古鄂尔多斯参会的原因。流沙河聊着聊着，还从袁刚手里接过纸笔，将其祖先事略撮要写了下来："铁木健，有九子在湖广做官。元至正十一年五月逃亡入川，改余姓，分手在今泸州。有诗曰：本是元朝宰相家，红巾赶散入西涯。泸阳岸上分携手，凤锦桥边摘柳丫。否泰是天还是命，悲伤思我又思他。十人十马归何处？入梦云游浪卷沙。传说有'九子十进士，一女打荆棺'。"流沙河提供的信息对蒙古学研究是一个重要补充，李俊义对此尤其感兴趣。

约八点半，早餐结束，与会代表登上大巴车赴成陵博物馆和陵宫参观，十多分钟后到达成陵旅游区。雨越下越大，没有带雨具的参会代表只能冒雨游成陵，倒也别有一番仓皇狼狈情趣。我一路撑伞随着流沙河夫妇同步参观了亚欧版图、蒙古人家、蒙古历史文化博物馆等各个景点，陪护左右。值得一提的是，因当地天冷，吴茂华在成陵的旅游用品商店临时为流沙河买了一顶深棕色牛仔式宽沿呢子帽，老人家戴上显得别有潇洒野性。来新夏夫妇打着伞，走得很慢，总是落在参观队伍后面。

在参观蒙古历史文化博物馆即将结束时，应成陵管委会负责人请求，流沙河戴上眼镜，特意在此题字留念。他俯身在一张宣纸上题写了"祖先遗迹"四个大字，并附小注："出席全国第七届民间读书会，到成吉思汗陵瞻仰遗迹，喜不自胜，恭书如上。同行书友情绪热烈，命余作字。惜乎字丑，惶悚不安，谨记如上。蒙古裔流沙河，己丑年秋。"在流沙河题字过程中，我在一旁用尼康相机抓拍了若干张实况照片，记录下这珍贵的时刻。

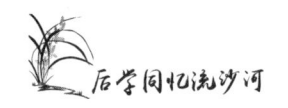

流沙河在成吉思汗陵题字

上午十点十五分左右，与会代表们结束了对成吉思汗陵旅游区博物园的参观，又登车穿过成吉思汗铜像广场，赴不远处的成吉思汗陵宫参观。陵宫是成吉思汗陵核心部分，是一组由颇似蒙古包的建筑物组成的群落，被视为"成吉思汗的长眠之地"，但这一说法随着蒙古学研究的不断深入，逐渐被史实所证伪。研究结果表明，这里仅仅是成吉思汗的"衣冠冢"，与武侯祠、昭君墓属同一性质。

约十一点半许，成吉思汗陵园的参观正式结束，与会代表们返回酒店用餐。此时，会议主办方早已准备好午宴，在"大鄂尔多"餐厅电子屏幕上滚动着"全国第七届民间读书年会暨鄂尔多斯笔会欢迎午宴"字样。我与曾宪东联袂主持了这场重要的欢迎午宴：首先邀请成吉思汗陵旅游区管委会副主任那楚克上台致辞，他对全国各位书友代表莅临成陵表示了热烈欢迎；随后，我分别请吴茂华、龚明德、自牧、李城外、贺雄飞、郑云云、谭宗远、马营寨、沈文冲等数位代表登台，大家或即兴演说或放歌一首或诵诗一首，尽情放飞自我，午宴气氛逐渐达到了沸点。这是本届盛会的第一个情感高潮，推杯换盏的蒙古烈酒点燃了读书人内心的柔情与豪情。席间，流沙河情绪亦佳，虽不胜酒力，但胃口很好，不断地夹食餐桌上的蒙餐。

约中午一点半许，欢乐的午宴接近尾声，我下场与若干老朋友碰酒叙旧，尤其与自牧、李传新、张洋几位多喝了几杯。容易激动的曾宪东明显有些喝多了，随后我把醉醺醺的他带到我住的十号大蒙古包小休，他睡大床，我临时在沙发上打盹。

休息到下午近三点，我赶紧叫醒曾宪东，一起在细雨中赶到布拉克浩特酒店的小鄂尔多厅，第二场专家主题讲座马上要在这里举行，由我主持。到达会场的曾宪东坐在后排不显眼处，仍然打瞌睡。

下午三点十五分许，我率先邀请犹太文化研究与应用专家贺雄飞作关于"犹太文化探究"的主题讲座。贺雄飞是演说家，口才好，又激情澎湃，他滔滔不绝地讲了四十五分钟，正好是一节课时间。他讲座时发生了一件有趣花絮，参会听众中来自深圳的某先生因午宴豪饮至半醉而现场大声说话，干扰了现场安静，遭

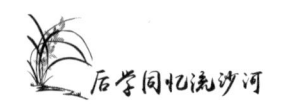

贺雄飞当众指斥乃罢。

　　下午近四点，贺雄飞讲座结束，我把话筒转到了流沙河手里，他开始向与会代表讲《庄子》："各位朋友，我们相聚已经三天多了。在此，我们更多的是彼此间的沟通交流。说到《庄子》，我还谈不上是什么研究'专家'。与其说我在研究《庄子》，不如说我很喜欢庄子这个人。在我年轻的时候，由于从小受到关于孔孟之道的教育，对儒家思想推崇备至，因此很讨厌庄子。当时，我家中的墙壁上挂的是明代朱柏庐的治家格言，其中心内容就是教导人们怎样治家，并告诫人们在独立完善自己的同时要保持一种做事小心谨慎的状态，不要做任何需要冒险的事情。事实上，真正的孔孟之道恰好与这种思想相悖，而朱柏庐的治家格言当中充满了这些内容。本人对先秦儒家的评价是很高的，而对于汉代以后的儒家的很多思想却不敢苟同，甚至充满厌恶和鄙夷。到了宋代，儒家则干脆变成了一种礼教，我便彻底地厌恶它了。我十九岁参加工作，正值青年时代，在做记者和编辑的工作时总是一丝不苟、兢兢业业，思想上也开始不断地自我反思：我最初读书时对孔孟之道尊崇备至，此后笃信朱柏庐的那一套治家格言，直到中学时代思想上开始变得'革命化'。当时，我认为苏联好得不得了，似乎一切真理都在那里，于是在报刊上发表了很多控诉旧中国黑暗社会现实的文章。新中国成立以后，我一直认为自己所做的一切都是'革命'的、正确的。一九五六年，毛泽东提出了'百花齐放，百家争鸣'的'双百'方针，为此，时年二十五岁的我怦然心动起来，觉得这是一项极其英明的政策。一九五七年，我便本着这样的心情写下了包括《草木篇》在内的很多诗作。不想，一夜之间风云突变，像我这样一个年纪轻轻的人竟变成了举国皆知的'反党、反社会主义'的'坏人'。当时，我很茫然，怎么也不相信自己会成为这样一个人。可是，运动搞起来就由不得我们自己了。于是便不得不做了口是心非的'检讨'，接下来就是'思过'。此时的我便在没有任何思想准备的情况下，受到了一生中空前的震撼与打击。以前，我一直觉得自己就是大海中的一滴水、集体当中的一分子、革命队伍中的一员。可是，在被人们当成'阶级异己分子'之后，我第一次感到自己是如此之孤立。于是，我的失望达到了顶点、人生陷入了低谷。在这样的状况下，我突然想起了《庄子》当中的《逍遥游》。在这篇文章中，庄子告诉我们什么是真正的自由。庄子认为，即便是鲲鹏能够展翅飞翔九万里也并非绝对的自由，因为它的起飞需要有外力的支持。那么，我想人们只有在放弃了一切功名利禄之后，才会拥有真正的自由。一九五八年，已被打成右派的我才突然觉得，是到了应该静下心来好好读读《庄子》的时候了。后来，根据上面的规定，四川省文联让我这个大右派在单位里从事一些诸如烧锅炉之类的体力劳动。那一年，我在锅炉房里第一次完整地读完了《庄子》，从中得到了极大的安慰。此时，我感到如果说自己在这个世界上还能有一个知音的话，他就是两千多年以前的庄子。庄子能够在最不堪的生活当中找到快乐，而这正是放弃了功名利禄、优越的环境和生活条件之后的结果。《庄子》这部书，我不仅反复地读过几遍，而且读得非常认真，因为我从中得到了'共鸣'。我当了整整二十年右派（只差了六小时），其间，《庄子》伴随着我，给我以心灵的慰藉。待到一九七七年，我得以平

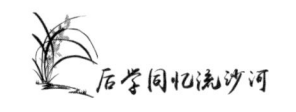

反昭雪，重新走上工作岗位。可以说，上世纪七十年代末和整个八十年代，我的工作态度异常积极，甚至达到了星期天几乎从来不休息的程度。此外，还发表了不少具有那一时代特色的诗歌。由于每天忙于各种各样的事情，我的内心深处便早已把庄子彻底地忘记了，又回到了儒家思想那种积极进取的状态当中。进入一九八九年以后，由于各种各样的原因，我感到身心疲惫，大病一场，一腔热情也便冷却下来，于是有了我的第二次读《庄子》。这次读《庄子》，我又有了更多深刻的体会，越发觉得庄子是一个了不起的人物。庄子所追求的生活方式，就是心态的自由。因此，宁愿过一种艰难的自由生活，也绝不选择那种锦衣玉食不自由的生活。庄子及其著作中最了不起的一点是能够最早提出'人的认识是有限的'这一概念。庄子认为，一个群体或个人，虽然终生在追求一个目标，但这也只是一个圈子的目标，相比宇宙万物，这些都是渺小的。未来是不可知的，不是学习了什么规律就能够掌握的。有些'狂人'总认为自己掌握了社会发展的必然规律；但庄子认为，人类不可能完全认识社会上的一切必然事物，因为任何一个人所知的与不被其所知的比较起来总是少之又少的。在《庄子·秋水》当中，河伯见到大海才知道自己的自大只能贻笑大方。这说明，环境所限，人们的所知、所想皆有限，因而我们不能随便把自己所知的局部事实全都上升到真理的高度。读《庄子》使我得到的最大收获就是使我从青年时代狭隘的世界观当中解脱出来，得以站得更高、看得更远。庄子的另一个重要贡献是提出了'道枢'的概念，宣扬了一种远离凡俗、与世无争的自由思想，而不能总是拘泥于一事一物、不知变通。这一点在先秦诸子中是绝无仅有的，也是最具意义的。我之所以写《庄子现代版》这部书，主要是由于我太喜爱庄子这个人了。可以说，是庄子拯救了我、安慰了我、启发了我；希望这部《庄子现代版》能够给读者以启示和帮助。近年来，我的一只眼睛已经看不见东西了，医生建议我不要工作，可我打不来牌、唱不来歌，也喝不来酒，于是便做了一些古文字研究的工作。我认为，我们应当重视汉字的繁简问题，因为繁体汉字当中包含很多文化含义，如果完全废除便过于可惜了。"

流沙河大约讲了五十多分钟与《庄子》有关的话题，娓娓道来，袒露心扉，平常的话语里饱含着情感与思考，与会代表也听得非常专注。此时，第二个趣味花絮出现了：因中午饮酒过多而在现场一直打瞌睡的曾宪东，忽然从迷蒙中清醒过来，他在流沙河结束讲座后马上站起来洪声大嗓地发言："流沙河，你应该写一部反映右派经历的思想史、灵魂史，说不定还可去领诺贝尔奖哩！你现在却总是谈什么繁体字啦、庄子啦……你不要怕嘛，当年都不怕，难道现在还怕？"

宛如"一石激起千层浪"，曾宪东酒醒后抛出的一番言论，引发了与会代表激烈的讨论，大家都觉得曾宪东过于偏激，属于苛责于人。其中贺雄飞说："流沙河没有堕落，因为他没有向世俗化转变，所以他在思想上很痛苦，这是中国知识分子的一个宿命。同时，我也不完全认同流沙河关于庄子思想的阐述。庄子最致命的缺陷就在于这种相对主义的思想导致的价值虚无，事物的确有'相对主义'的一面，但如果将其推向极端，同样会走向庄子所反对的'绝对主义'。'相对主义'的是非观和认识论是消解

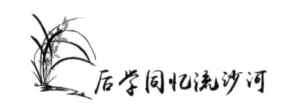

一切真理与普适价值的屠刀，庄子的思想也有糟粕，我们在吸收时也要'去其糟粕'。"

面对曾宪东的质疑，流沙河平静地讲了两个小故事作为回应：一个是好侠的墨翟喜欢介入他人之事打抱不平的掌故，暗喻曾宪东是"活着的墨翟"；一个是高尔基小说中的情节，夫妻俩当街打架，女人不敌丈夫的蛮力而嘶叫呼救，路人不平找来警察拉开二人，并欲将丈夫逮捕拘押。女人恐惧，忽变脸，收起啼哭挽起丈夫的手臂说："亲爱的，我们回家去，别理这些个野人！"暗喻写作事只能自家做主、内部决断，外人用力干涉反会自讨没趣。

热闹的讨论持续到了下午近五点，我宣布本场专家主题讲座结束，并作主持人总结："想不到本届年会的华彩乐章出现在今天下午，这使我感到格外振奋。今天的专家讲座及链接讨论乃至激辩，让我们有了很多思想的碰撞，碰撞可以产生爱也可以产生恨，但我们今天的碰撞只产生爱不产生恨，苛责的本质也是源于爱。学术讨论无禁区，宽松自由，畅所欲言，这正是全国民间读书年会最大的特色，也是其最有吸引力的地方。我相信有了本届年会的种种尝试，一定能使以后的民间读书年会越办越精彩。"

下午五点后，众书友开始转移到另一个笔会场所交流，这是书画雅集，不少当地艺术家与参会代表中擅长书法者纷纷泼墨挥毫、一抒胸臆，其中流沙河题写了"风雨成陵，我来寻根"八字，后又特意为曾宪东题了一幅字："活着的墨翟被不死的庄周气得吐血，宪东仁兄甦醒！流沙河，己丑秋在鄂尔多斯。"围在流沙河身边欣赏题字的沈文冲面请先生为他即将出版的新书题写书名"中国百年毛边书刊史话"，流沙河乘兴运笔，一气呵成，写得特别流畅。我让沈文冲用手撑举着这幅墨宝,拍照留念(后来此书以《中国毛边书史话》之名由内蒙古教育出版社"纸阅读文库"于二〇一二年五月重磅推出)。

流沙河题字"风雨成陵,我来寻根"

书法雅集持续了一个多小时,约下午六点二十分,与会代表恋恋不舍地离开成陵,分乘两辆大巴赶往此次盛会的最后一站——乌兰木伦镇。"乌兰木伦"系蒙古语,意为"红色之河",位于鄂尔多斯市伊金霍洛旗东南部,是神华集团神东煤田主采区。

与会代表们到达乌兰木伦镇时,已近晚七点半,我坐黄妙轩专车几乎同步到,该镇入口早已打出"欢迎全国各地的作家、学者朋友走进'太阳石故乡'乌兰木伦"横幅,颇有气氛。集中下榻处安排在该镇神州大酒店,我被分配到四楼的一个标间。大家找到各自的房间稍事休息后,马上就到一楼大厅吃饭。鄂尔多斯市人民政府副秘书长双青克、乌兰木伦镇镇长杨志光、乌兰木伦镇人大主席陈立军等领导出席了接风晚宴并分别致欢迎辞。

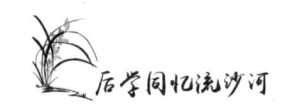

因这一天日程很满，外加旅途奔波，所以大家又累又饿，晚宴没有安排太多欢迎项目，匆匆吃到晚十点许即宴散回房休息。我饭后到龚明德房间茶聊，后又约董宁文、徐玉福、张洋一同过来聊，聊到夜深时分，最后初步敲定明年第八届全国民间读书年会在成都召开，由成都阅读文化主题酒店毓秀苑具体主办，徐玉福为广东东莞争取第八届全国民间读书年会主办权未果。凌晨两点许，诸位离开龚明德房间，各自回休。

第四日，二〇〇九年九月七日，乌兰木伦镇，阴雨

鄂尔多斯高原本来干旱少雨，近两日却阴雨绵绵，几乎与第七届全国民间读书年会暨鄂尔多斯笔会的举办日程同步，也算一奇。

早七点半许，招呼流沙河夫妇、龚明德一起到一楼餐厅吃早餐。就餐过程中，流沙河看到神州大酒店餐厅墙壁悬挂着一幅写有刘禹锡《陋室铭》内容的粗陋书法时，即兴评论说："汉字书写，简繁不可两立，要么全繁，要么全简。但这幅《陋室铭》，书写者却繁简并用，在全文中至少写出了三个简化字，这实在是不应该的。"

早餐后的会议日程本来是去该镇矿区实地参观考察，但此时天空偏偏又下起了瓢泼大雨，这两天的雨算是下顺了。于是我临时决定将矿区参观换到下午进行，将原本定于下午进行的第三场专家主题讲座换到上午进行。

上午八点半，第三场专家主题讲座在神州大酒店大会议室举行，由我、龚明德、董宁文轮流主持，每位专家发言限定在二十分钟左右。李城外率先主讲"湖北咸宁向阳湖五七干校文化",他的发言引发了贺雄飞、曾宪东两位的激烈质疑;接着我邀请来新夏主讲"北洋军阀历史及其研究",我称来新夏为"大师",老人家在讲座开头调侃说:"刚才阿泉犯了一个'错误',称我为'大师',使我很不自在,因为这年头'大师'是骂人的话啊!这可是让我避之唯恐不及的呦!"他的讲座持续到上午十点半许,个人亲身经历加学术观点表达,讲得相当吸引人。

  上午十点三十五分,我现场"插播"了一张曾宪东递上来的条子:"昨天下午我对流沙河的建言,是充满敬爱和期待的逆耳之忠言,希望这位'大右派'写一部自传获取诺贝尔文学奖毫无贬损之意,更不是某位新闻出版局局长所评论的'无权指挥操纵',这位新闻检察官在民间读书会上如此大发官威、点名道姓地搞特大批判,让我感到心寒……"我读完后,坐在一旁的龚明德马上插话说:"哲学家曾宪东的意见代表了一部分高层次知识分子的意见,我也很赞同。一次与李城外的通信中,我曾直言不讳地指出,那段不堪回首的历史本来就没有什么值得纪念的、研究的,更不应该将之树立为一大文化品牌。"

  在龚明德、董宁文交叉主持专家主题讲座时,我走下主持台用尼康相机在现场抓拍,恰好看见坐在台下认真听讲的流沙河因眼睛疲劳而用手遮头、闭目养神的短暂情景,于是将这一瞬间抓拍下来,算是一张特殊的纪实照片。

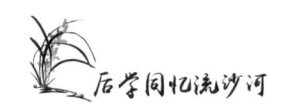

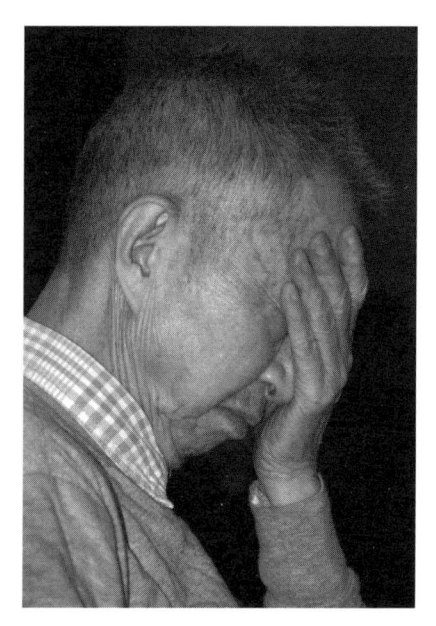

流沙河在讨论会上闭目养神

上午十点四十许，沈文冲再续关于毛边书的主题讲座，讲了二十分钟左右。

上午十一点左右，我现场"插播"了谌胜蓝针对一些代表对向阳湖文化产生异议而递上来的争鸣纸条："一，中国历史上有很多文化，红山文化、金沙文化是一种文化；盛唐文化是一种文化，西口文化也是一种文化；流人文化、贬官文化同样是文化。能成为文化不一定是歌颂的，但一定是能给人以启示、纪念或者是反思的。二，滚水泼到鲜花上，固然摧残了鲜花，而这个事件本身不值得思考吗？况且，这盆滚烫的水还孕育了臧克家《忆向阳》这样的积极向上的诗歌。三，向阳湖文化是多元的，有苦难，有抗争，有思考，有反省，有醒悟，有盲从，有坚守，也有对文化的执着……那是中国历史上特定的历史时期文化与文化人的特殊状况的反映，是中国历史上不可回避的时段，有巨大的研究价值，不能用一句简单的语言来否定。"

上午十一点十分许，我安排李城外就曾宪东对向阳湖文化的质疑现场作答："主持人好，各位代表好！我不喜欢向主席台递条子，请允许我讲两句。第一，我不能同意曾宪东先前扣在我头上的帽子，因为我从来没有以'新闻出版局局长'的'官帽子'欺压别人。出席民间读书年会，我是以一个民间读书人的身份前来，绝无发'官威'之意；第二，在坦荡自由的草原上，争鸣是无可厚非的，但我们也要讲求和谐，讲话宜三思而行，不可太过随意，更不应出言不逊；第三，在向阳湖的历史上，很多文化名人都有过揭发别人的行为，这是时势使然，不可以此作为否定他们人格的理由。圣人有言：'己所不欲，勿施于人。'我也有自己的观点，如与在座的各位有所差异，还希望大家谅解。"至此，关于"向阳湖干校文化"的争鸣暂告结束。

上午十一点十七分许，吴茂华开始给与会代表讲关于基督教与《圣经》的文化阐释。

上午十一点三十二分，我安排阎进忠发言，他即兴讲了很多，涉及流沙河的部分摘要如下："……好书之所以能流芳千古，在于它述说了世世代代所需要的东西。很多老的、经典的书能一次次被翻印，很多新书却瞬间被淘汰，主要是其内涵不同所致。为什么一本小书《流沙河短文》能在前天我们的竞买会上拍出八百一十元高价？我想主要原因还是在于这本书有内涵，记录了一

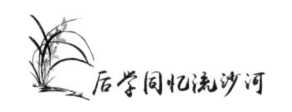

个智者的学问追寻与生命思考,值得反复阅读和收藏。我们读了流沙河的书,便会认识他的思想、了解他的内心,这就很了不起。流沙河当年被打成右派,自然是他的苦难,但没有这样的苦难又怎么会有老先生对人生的反思和对庄子的透彻理解呢?如果没有这样的反思和理解,又怎么会有他对世界这样全面、深刻的认知呢?因此,运动虽然给他带来了无尽的苦难,却也促进了他的成长。"

临近中午十二点许,我邀请流沙河对此次专家讲座做总结发言,他几乎不加思考,直接有感而发:"实际上,很多学问都是从书本以外来的,书本上的学问毕竟是别人感受到的,我们再去读已经隔了一层。而现实生活中各种学问,是我们要直接面对的,一切书本知识都带有局限性。如果说,我还有点儿学问的话,那么必须承认,我的很多学问都是从书本以外得来的,是我在日常生活中仔细观察得来的。"然后,他又现身说法,叙述了几个亲身经历的事例,最后证明了这样一个朴素却又实用的人生经验:"我们任何一个人,只要能保持一种热爱生活的态度、一种纯然的求知欲望,就一定能成为一个了不起的民间学者。"

流沙河在讨论会上发言

中午十二点半,正式的欢迎午宴在神州大酒店一楼餐厅隆重举行,由我全程主持,双青克、杨志光、陈立军等市、镇领导参宴助兴。我首先邀请杨志光向大家汇报了乌兰木伦镇的历史文化和经济发展现状,接着介绍两位优秀的蒙古族歌手登台献艺,将一首又一首优美动听的鄂尔多斯民歌唱给远方的客人。大家一边吃着开胃的蒙餐,一边听着入心的牧歌,深深沉浸在"乌兰木伦情境"当中。龚明德在宴会中一直陪着流沙河夫妇吃饭,据龚明德讲,流沙河在午宴上胃口颇佳,吃了不少块鲜嫩的手把羊肉,而现场唱起的质朴忧伤的草原牧歌深深打动了老人家格外敏感的内心,他几欲泪湿。

午宴持续到下午两点许结束,与会代表们返回房间短暂休息。

下午两点半之后,大家乘车离开驻地,先后前往"鄂尔多斯

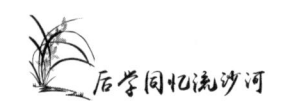

第一村"乌兰木伦村、"世界第一矿井"补连塔煤矿进行实地考察，近下午五点考察结束，代表们乘车返回神州大酒店。

下午五点二十分，与会代表们继续在神州大酒店会议室聚集，进行最后阶段的自由讨论。贺雄飞率先发言："为期三天的全国民间读书嘉年华已接近尾声，大家即将分别。在此，我既激动又依依不舍。激动的是此次年会中大家踊跃发言、交流思想，达到了思想和精神的交融；依依不舍的是与大家分别。"随后，金实秋、曾宪东、阎进忠、王振良、常年华、谭宗远、鲍振华、刘宗武、象丑牛、徐玉福、李俊义、冯传友、谌胜蓝等与会代表陆续发言，畅谈读书治学体会与本届参会感受。

其中流沙河夫人吴茂华在下午五点五十分左右发言，她说："我特别认同平等的学术争鸣，每个人都可以在不搞人身攻击的条件下尽情发挥，只要他能自圆其说、自通其理，我们就应该尊重他的意见。因为，我们的思想可以多元化、价值观点可以个人化，只要他说得对、说得有道理，我们就应当尊重。"

流沙河没有参加最后阶段的自由讨论，而是受年会组委会委托，独自回房间静心写毛笔书法，作为赠送鄂尔多斯、乌兰木伦市、镇两级领导的珍贵礼物，以答谢他们对全国民间读书活动的支持。

傍晚七点十二分，龚明德宣布第七届全国民间读书年会暨鄂尔多斯笔会的各项议程全部结束；我代表年会组委会宣布第八届全国民间读书年会将于二〇一〇年秋季在四川成都举行。

傍晚七点五十分许，告别晚宴在神州大酒店一楼餐厅举行。"散伙饭"匆匆结束后，部分代表在冯传友带领下坐一辆大巴车赶往包头转车或转机，未走的代表返回房间休息。我与第一波离开的与会代表在酒店门前挥手告别后，即到一楼会务组取了一笔润笔送到流沙河夫妇的房间，并取走流沙河新写好的墨宝数幅。旋即到龚明德房间，代表年会组委会付给他一笔年会主持费。不久流沙河夫妇也到龚明德房间串门，我们一起聊了一会儿参会感受，都觉得本届年会搞得很成功，其中吴茂华说："我和流沙河从成都到内蒙古，第一次参加年会，与这群书人布衣自在无拘束地交流，真是其乐融融，不仅心情愉悦，知见更获增长。三天多的会议内外，我们见识了许多有趣的人事，领略了读书人任情放达的风采。"

夜十点许，乌兰木伦镇人大主席陈立军、派出所所长郭君赶过来尽地主之谊，盛邀我和龚明德到镇里看文艺演出、吃夜宵，一番放松潇洒享受，好不开心，待被送回神州大酒店时已是夜十二点多，我和龚明德赶紧各自回房间睡去。

第五日，二〇〇九年九月八日，乌兰木伦至呼和浩特，阴雨转晴

晨七点许起，首先把袁刚叫到房间，让他协助我把昨晚拿到的几幅流沙河墨宝用尼康相机拍下来存档，随即遣会务人员把墨宝送出去。

早餐后的上午八点十分许，第二批人已整理好行李，到神州大酒店大堂退房，并领取全国第七届民间读书年会暨鄂尔多斯笔会集体合影及通讯录。候车过程中，沈文冲见流沙河手握黑色记号笔，便顺势请他在布纹纸上题写了"毛边党人"四字；袁刚也

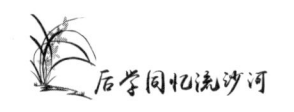

从沈文冲那里要来一张布纹纸,请流沙河题写了"草原"二字。

时近上午九点,乌兰木伦镇人民政府的一辆大巴通勤车赶到,与会代表们纷纷登车,启程赶往包头。盛会期间雨脚如麻,散会后竟马上云开月朗,也是一奇。一路上天气好极了,天空湛蓝而高远,大家的心情也与天气一样"大晴"。

上午十一时许,大巴抵达包头火车东站。大部分外地书友就此相别、转车回家,龚明德、流沙河夫妇、来新夏夫妇、金实秋、王振良、张元卿、沈文冲夫妇、萧金鉴等一小部分人随我入住附近的宾利酒店。我开了两个标间,请流沙河夫妇、来新夏夫妇入住休息。

包头是冯传友主场,他筹备中午邀请流沙河夫妇、来新夏夫妇及其他未走的一批书友吃饭,座位限十二位,并需打车到昆都仑区赴宴。我向龚明德咨询,他直接接了冯传友电话,发火说:"流沙河、来新夏是大师级别,你不派车来接,还要两个老人打车赶过去?你想什么呢,我们不去!"冯传友也是急脾气,解释了几句,最后表示那就谁也不请了!遂愤然挂了电话。

意外的争吵改变了原定的中午聚会安排。于是我仍在包头东河区"固阳村"饭店安排了两桌,邀请流沙河夫妇、来新夏夫妇及其他所有未走的与会代表吃午饭,饭费三百多元,龚明德抢着把饭费付了。饭后,我叫车送流沙河夫妇、来新夏夫妇回宾利酒店休息,然后陪龚明德去青山区张枫(包头旧书商)的家里淘书,从下午四点半畅淘到五点半,我淘了二十多本书、费一千五百元,龚明德淘了一堆珍稀民国版旧书、费两千四百元,可谓书运亨通(不久后龚明德写了《包头的书爱家张枫》一文,我写了

《淘得好书，也是一种不可告人》《包头猎书小记》两文，陆续发布于"明德读书堂"博客）。

傍晚六点许，张枫带上数本流沙河、来新夏的著作，与我和龚明德一起打车返回东河区宾利酒店，顺便找流沙河、来新夏在书上签名（一签就是奇货可居的签名本，他可卖个好价钱）。龚明德时间紧迫，于是直接在酒店门外地上铺牛皮纸打包，几位书友也过来帮忙，大家七手八脚地把一大捆旧书打好包，情境像工人干活儿一样。

傍晚七点许，我与沈文冲、李凌歌等打车送龚明德到包头机场飞成都，来新夏夫妇及其他与会代表直接从包头返程。随后，我租了一辆面包车，回宾利酒店接上流沙河夫妇及几位需一同返呼的会务人员，连夜奔向呼和浩特。因司机不熟悉路线，绕来绕去，走了不少弯路。我紧挨流沙河夫妇而坐，一路开心地聊天叙旧。夜间八点许，面包车沿着阴山脚下的高速公路、迎着一轮皎皎圆月向东疾驰，车窗外的夜空深邃明净、星斗闪耀，这壮丽惊魂的漠北月夜让靠窗的流沙河大为感叹，即兴说了很多话。这段流沙河内蒙古之行唯一一次望见明月与星空的奇遇，我已在《流沙河在漠北》一文中写到，此处不再赘述。

约夜间十点半许，面包车抵达预订好的内蒙古大学桃李湖宾馆，流沙河夫人吴茂华抢着到总台登记、交押金，入住一楼的一〇七房间。临别时，夫妇俩强烈要求明后天自由活动，不要再安排日程。吴茂华还嘱我代寻几张蒙古长调CD，她很喜欢苍凉深情的草原音乐。

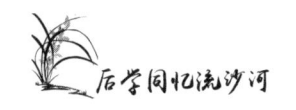

第六日，二〇〇九年九月九日，呼和浩特，多云转阵雨

昨夜大晴，今日又阴了，九月的天气真是变幻无常。

上午九点后，与好友李俊义在桃李湖边见面，送他《清泉部落》民报毛边合订本十本。继到内蒙古大学东门的普逻书店淘蒙古长调CD数张。近午，接龚明德从成都打来的电话，他建议我在流沙河休息好后为他安排一次高校学术讲座。我随即致电内蒙古藏书家协会理事长、作家巴特尔，由他协调赵一兵博士在呼和浩特职业学院为流沙河安排专场讲座。不久又接吴茂华电话，约我晚八点到内大桃李湖宾馆见面。

晚七时许，我分别致电李俊义、袁刚，告知流沙河业将于九月十日下午在呼和浩特职业学院举办讲座，希望他们仍去参加并记录。

晚八时许，我到内大桃李湖宾馆一〇七房间看望流沙河夫妇，交吴茂华蒙古长调CD一摞，并呈我的六集纪录片中英文插图解说词集《碧绿与蔚蓝》一本给流沙河（书内第一集便是《阴山梦寻》）。畅聊到夜间十点许，我离开，流沙河把明天下午讲座的具体要求写在一张纸片上交我，题目定为《繁体不可废》。

第七日，二〇〇九年九月十日，呼和浩特，多云见晴

下午两点半，陪同内蒙古藏书家协会理事长、作家巴特尔到内大桃李湖宾馆一〇七房间拜访流沙河夫妇。不久，内蒙古教育出版社编辑孟庆微带着一篮水果亦到访，对接吴茂华拟在"纸阅读文库"出版的随笔集《蕉窗夜话》部分篇目的修改调整事宜。

近三点许，在桃李湖宾馆门前为巴特尔、流沙河拍了数张合影，然后我们一起驱车赶到位于呼和浩特新城区通道北路五十八号、具有百年办学历史的呼和浩特职业学院，发现该校正门已悬挂出"欢迎流沙河先生为我院人文学院和历史文化与旅游学院师生讲座"的巨型条幅。

下午四点，在呼和浩特职业学院主教学楼一楼的一间大教室，座无虚席，流沙河主题讲座《繁体不可废》正式开始。赵一兵博士和我简单主持之后，流沙河便手持音质不太好的话筒开讲，以"学（學）、专（專）、类（類）、进（進）、劳（勞）、国（國）、县（縣）、区（區）、会（會）、发（髮）、圣（聖）、丽（麗）、盗（盜）、归（歸）、剧（劇）、监（監）、盐（鹽）、庆（慶）、医（醫）、刍（芻）"这二十个汉字的繁体写法、简体写法做比较与分析，深入浅出地阐释了繁体字的生命力、张力。流沙河一边讲一边在黑板上做板书，白色的粉笔灰粘了一手。讲座最后，他动情地说："文字学本来是国粹，但在二十世纪五十年代我国实行简化字后，文字学就成了冷门无用的东西。我一九五七年当了右派后潜心钻研文字学，常翻董作宾的学生李孝定编的一部甲骨文字典，极受启发。后来，我又研读了陈梦家著的《殷墟卜辞综述》，收获也很大。我读书写书一辈子，最看重不久前刚刚写完的《正体字回家》这本书，这是我在精心研究中国传统文字学的基础上结合自己几十年的实际生活体验与观察写出来的思考，我质疑和挑剔简化字，呼吁繁体不可废……绝不是为了个人的名和利，而是为了保住中国汉字的根脉，这是我在晚年特别投入精力要完成的一件大事。世界上有许多民族、许多文字，但唯

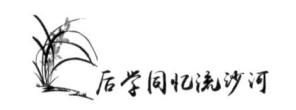

一留下来并使用至今的象形文字就是中国的汉字,繁体字是非常先进的文字,完全应该得到充分的尊重。最近几十年的历史证明,五四时期钱玄同、刘半农、胡适、吴稚晖等激进派把国家落后的原因归罪于繁体字是没有道理的,国家落后有许多复杂的原因,但繁体字肯定不是原因……当代社会,我并不要求所有人都会写繁体字,但是,作为一个中国人,我们至少应该做到'认简识繁',珍视老祖宗留给我们的文化遗产。"

讲座结束后,听讲的人文学院和历史文化与旅游学院师生及《北方新报》《呼和浩特晚报》等纸媒记者报以热烈的、长时间的掌声,赵一兵博士用"六祖开坛,老僧说法,醍醐灌顶,茅塞顿开"四句来总结评价流沙河的讲座。随后,流沙河与呼和浩特职业学院的师生代表、内蒙古藏书家协会的代表合影留念,并分别在袁刚、刘富强现场所带的《再说龙及其他》(流沙河著)之布纹纸封面上题写了"袁刚之书"和"刘富强之书"并签名(关于这次主题讲座,《北方新报》记者郝少英撰写了一篇配图新闻报道《诗人流沙河向大学生传播中国文化》,刊于《北方新报》二〇〇九年九月二十一日第七版)。

傍晚六点二十分左右,我陪同流沙河走到呼和浩特职业学院校门口,一起乘车返回桃李湖宾馆。搭车同返市内的有前来听讲的内蒙古师范大学附属中学的蒙古族学生清灵慈慧,她在车上直接向流沙河请教了繁体字"報"的含义,流沙河认真为这个中学生解答说:"繁体的'報'字,与'執'字关系密切,在甲骨文中,'執'字的右旁像木制的铐具,左旁像犯人被铐的手腕,意思就是一个人犯罪被捕了。而'報'字的意思更进了一步,是说一个犯人不但被捕铐腕,还被判了刑。甲骨文中的这个'報'字,可以见到犯人跪着,双腕被铐住,背后还有一双手狠狠地抓住他的肩,加以惩办。'報'字的本义仍然保留在'恶有恶报'的说法里,'報'就是惩办。犯罪在先,惩办在后,所以才有了'報復'这个词。到后来,'報'的语义扩大了,上呈公文材料也叫'報',朝政宣布出来也叫'報'。再后来更演化成具有公告、报纸含义的'朝報、邸報、公報、日報、晚報、导報、摘報'等等。'報'字如此有文化背景,把它简化成'报'字,右旁犯人被铐的手腕变成了提手,司法惩办的古义全无,故颇不可取。"

送客后,约傍晚七点半许,我坐车重返呼和浩特职业学院,到校内餐厅二楼一个大雅间参加庆祝流沙河主题讲座成功举办的晚宴,巴特尔、赵一兵、王占荣、王树田、李俊义、袁刚以及该校部分领导、教师参宴,大家一番喝酒热聊,宴会持续到夜九点半许结束。

第八日,二○○九年九月十一日,呼和浩特,晴

今天上午及中午,流沙河夫妇自由安排在呼和浩特的活动,不便打扰。下午二人将乘火车离呼返蓉,我提前定好了送站车辆。

中午一点,我准时带车抵内大桃李湖宾馆门前,流沙河夫妇已带好行李在宾馆一楼大厅的沙发上等候,随即上车赶往呼和浩特火车站。到达后,我帮着拎行李进站、过安检,最后在站内软卧入口与流沙河夫妇握手道别时,流沙河轻声对我说:"八天前我们在包头火车站见面,现在又在这里分别,这就是人生啊,总

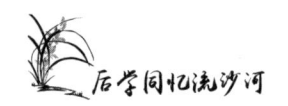

是来去匆匆、聚散匆匆。谢谢你这几天对我们夫妇的照顾，咱们成都见！"随后，流沙河夫妇走进软卧入口隐入人流上车，我亦满怀怅惘地转身离开呼和浩特火车站。至此，流沙河生命中唯一的一次内蒙古草原行，画上了圆满的句号。

二〇〇九年十月一日至十五日，断续写成初稿过半，后因繁忙、懒惰而长期搁置；二〇二三年五月四日至二十四日，应张叹凤之邀，重启旧年残稿补写、续写，努力恢复记忆深处的印痕，仔细查考二〇〇九年九月三日至十一日的全程日记、实况照片及"第七届全国民间读书年会暨鄂尔多斯笔会"的相关会议纪要，愉快整理写就于呼和浩特依然冷凉的初夏。

人字俱瘦，人字亦俱老
——流沙河书法美学管窥

一九三一年十一月十一日生于成都的流沙河，是著名诗人、学者、作家、古文字研究家、"兴趣历久不衰的天文爱好者"，同时也是相当有个性的书法家（尽管他本人从来不怎么承认）。他的字不是那种临帖泥古、法度谨严的传统派，而是发乎性情、"吾手写吾心"的文人派，我们不妨称之为"河体"。

以我与流沙河多年的交往聆教和对"河体"的长期观摩体悟，我觉得用稚拙朴讷、气韵酣畅、骨壮筋强、毫不含糊来形容流沙河的书法，是再恰切不过的了。他不是专业书法家，写字只是他读书、著述之余的遣兴，正缘于此，他的书法摆脱了不少专业困囿和窠臼，达于自由挥洒、凸显自我的状态。而他字体风格的几次微妙变化，也与他人生经历的跌宕起伏紧密相关。

书法源于童子功

流沙河的书法训练从少年时代就开始了，即得益于"童子功"。据彭雄整理写定的《十二年的龙门阵》（未刊稿）记录，流

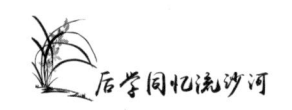

沙河曾在某次大慈寺茶馆闲聊中说："我十一岁时，大人给了一元钱，我便到街上的文具店买了一只抓笔，开始练习书法。说实话，我没有临过什么好帖，当时使用的字帖都是很普通的碑帖，如《醴泉铭》《灵飞经》《柳公权书法》等，这些都是最一般的。我每天要写五百个小楷，写啊写，写得很苦，但这样写下去对提高书法作用并不大。"

他在《人如其字》一文中也回忆，他少年临帖写颜真卿书《瘗鹤铭》，字写得像核桃一样大。"暑期日日研墨走笔，心无旁骛，居然像模像样。后攒钱买揸笔，不看帖，放手写，而字做碗口大，形成所谓颜体字了，肥壮厚实，稳重豪雄。我想象颜鲁公人如其字，是个严肃的胖君子。"

从上面这些口述及文字记录可知，流沙河从小就喜欢写大字，"大字无欺"的率真风格是骨子里带出来的。他认为少时习字的第一收获，"就是让我学会为人处事不敢苟且、不敢放肆，做任何事情都要守规矩，个性变得软弱"，"把字写好，倒在其次"。

对少年流沙河习字真正有帮助的，不是临帖，而是庙宇里的匾额和楹联。他聊天说："小时候我爱逛庙子，最喜欢看的就是各种各样的匾额和楹联，我盯着看上面的文字，就心生欢喜，许多字句就记住了。那上面各种字体都有，楷书、隶书、行书、草书等等，许多书法还相当不错，对我影响很大。"

追寻趣味，坚持自然率性而写

从小习字让流沙河惯用毛笔，他上高中时连英文都用毛笔写。他读川大时，上衣口袋里总是插着一支改短了的小楷毛笔，一只盘尼西林药瓶里装满了墨汁。后来他到报社当编辑，仍然用红、蓝两种毛笔改稿。再后来他到了四川省文联，才开始改用钢笔，他用来很反感，写不到几个字就不想写了，只好勉强改用蘸水笔。由此观之，流沙河一辈子都在坚持用毛笔写字（用其他笔写字只是穿插补充），搦管拈毫是他最熟悉也最得心应手的事情。

苏轼论书法时曾言"执笔无定法，要使虚而宽"，意思是不拘泥于如何拿毛笔，只要写的时候做到"虚而宽""掌虚指实"便好。我倒觉得"执笔无定法"可作另解，拿来阐释书法的"法无定法"更合适。流沙河的书法，发端于"胸中丘壑""心底烟云"，抒发的是个人对中华文化的热爱和对美的理解，并无严格章法可寻，写字全凭兴趣，自然率性而写，不拘于门派，只受潜意识支配，是一种"心流"的波动与挥洒。他不像某些书法家天天一门心思、用力过猛地临帖，把好玩的练字搞成了苦修的日课。

据他四川省文联的老同事兼友人、著名书画家刘云泉回忆：一九八〇年以后到退休前的十五六年间，流沙河在单位小办公室里几乎只做两件事，要么在办公桌前盘腿坐着写稿子、看稿子、改稿子，要么站到另一张方桌前练习写大字，每天守窗苦文乐写，如厕飞快（因懒动又爱喝水，上厕所必在急迫之时）；流沙

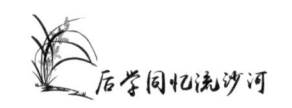

河主张"一切艺术,没有趣便不可看",他做事情讲究趣味,所以做起来很快活,不觉得枯燥。

钉包装箱与书法之间的逻辑关系

流沙河曾是全国闻名的"大右派","戴帽"生涯长达二十二年,其中大半时间是在故乡进行劳动改造。据《流沙河自传》一文记载:"我在故乡劳动十二年,前六年拉大锯,后六年钉包装箱,失去任何庇荫,全靠出卖体力劳动换回口粮维系生命,两次大病,差点儿呜呼哀哉。"

我与龚明德一起探望流沙河时,曾多次听他聊起二十世纪六十年代在故乡金堂县城厢镇的镇办油木家具厂做解匠(锯解木料的匠人)、钉包装箱(装锉刀之用)的艰难而充实的劳动经历。据流沙河讲,他钉的包装箱每个可耗钉子一百二十多颗,绝对直角见方,又美观又牢固,从无坏漏,以至于后来承担了厂里全部的钉箱业务。他曾为了挣工钱,每日钉箱不止,右手紧握着的锤子瞬间砸下去,钉子能垂直楔入木条……一天最多可钉三十只木箱,挣到三元钱,一个月最多可挣到五十一点五元。这样的"钉箱生活",一共持续了六年。一九七六年粉碎"四人帮"之后,流沙河背着生病的儿子余鲲上街看大标语,教儿子认标语上的大字,心里十分快活,最大的欣慰竟是"从今以后,我可以拼命地钉包装箱了"。他当时所求甚微,"只望国家安定,个人能够劳动谋生,便是万幸了"。这种"乐此不疲"的钉包装箱做工,一直持续到一九七八年十二月他调入金堂县文化馆当创作员为止。

独当一面的右手是有肢体记忆的。长期练就的钉箱动作，准确、有力度、酣畅淋漓，在后来的写字过程中也得以下意识地发挥出来，形成了"河体"百炼成钢、力拔山兮的气概，每一笔都不飘不浮，丁是丁卯是卯，夯到实处，直抵"木心"。曾有人这样评价流沙河的书法："你是一笔一笔斗的！"

聆听过钉箱故事之后，忽然顿悟了流沙河书法力度的来源。端详他的字，仿佛看到了当年他穿一身旧布工装憋着一股子气挥舞着锤子埋头娴熟钉木箱的瘦弱身影。这世间的功夫（包括手工），真是不会白练的，伸伸手便可呈现出职业素养来，流沙河后来的写字也几乎是他"钉箱活动的延展性书法表达"。

在故乡整整十二年的劳改生涯，锻造了流沙河的生存能力和身体素质，不但腕力十足，全身各关节也磨炼得格外坚韧，以至于年逾八十都能敏捷坐卧、行动干练，没有任何骨骼、关节方面的疾病。

"河体"的形成及经历的几次微妙变化

书法不是一种纯艺术，而是一种"为人生的艺术"，从字里行间可以看出人的文化修养（包括运笔章法的修养），同时其字体形成、风格嬗变乃至提升精进也与生命遭遇、认知层级息息相关。

流沙河的字在修炼过程中也经历了几次风格的摇曳：他年轻时做编辑仍旧用毛笔，"字体却暗中移换，不喜颜体之方正凝重，转而张狂起来"，这是青春的激情与骄傲在暗中涌动的必然体现；

到了沧桑的中年，突降的厄运让他尝遍了人间的辛酸、世事的凶险，于是"笔下收敛，回归迟重"，"河体"开始褪去躁气，逐渐成熟清晰起来；及至老年退守，他愈加如"暮鸟投林"一样轻松快乐，其笔下书法（尤其是小字行楷）也一起进入"瘦西湖""西风瘦马""人比黄花瘦""瘦骨嶙峋"的回归、知还境界，定形成"瘦朗端丽，气韵清正"的"河体"。

流沙河自己这样总结："不是我安心要写瘦，是意识深处对瘦有好感，不知不觉字体就瘦了。我是字如其人。一切艺术作品都带有自我表现的痕迹，书法亦然。"用吴茂华的话形容即"字体是他身体的复印件"。

书法大致分书家字、画家字和文人字三种，区别是书家字"崇法"、画家字"重态"、文人字"尚意"。流沙河的字明显属"尚意"一路，笔画简练高古，充盈静气，不是瘦金体胜似瘦金体，正像湖南书法家曹隽平所评"似长枪大戟，在纸阵中纵横捭阖，收放自如，尽显诗人本色"。枯瘦如藤、体重不足百斤的老人，却写得一手如此瘦硬劲道、坚定磅礴的字，"横可挑千石，竖能挺千钧"，他的人生经历、对人生的理解以及做人的态度，都熔铸到铁画银钩里面了。

流沙河的题字与巴蜀文化的气质

一座古老的、有历史底蕴的城市，一定会有许多文化符号一样的烙印标识，有的是地标，有的是人标。所谓"地标"，是指一个区域具有独特地理特色的建筑物或自然物；而所谓"人标"，是指一个区域具有极高知名度和影响力的代表性文化名人。

拿成都来说,它的人标随便可列出巴金、李劼人、沙汀、艾芜、流沙河、车辐、马识途等耆宿,其中流沙河是非常醒目的一个标识。无法统计他为成都的市街厅堂所题牌匾的具体数量,反正经常能在无意间望到他那独一无二的"河体"题字,譬如"板凳抄手""闲亭""古琴台""书香毓秀苑""散花书院""散花书屋""毛边书局""桃蹊书院""新旧书店""艾芜故居""艾芜纪念馆""成都市李劼人故居纪念馆""西南第一陵""龙怀山庄""芳草小学""金沙小学""名士公馆"……非常非常多,不知凡几,且永远都是锐气与笔力透匾穿石,洋溢着淡定、宁静和潇洒的风采。

流沙河家中客厅悬挂的自题"知还"

流沙河以研究古文字寄托故国乡愁,他对汉字的热爱也从每

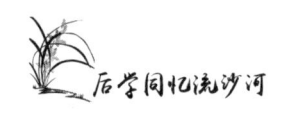

一幅"诚心正意"的题字中彰显出来。可以说,"河体"已是巴蜀文化气质的构成部分,我们可以从他题字的"偏旁"进入成都和四川的内涵。被誉为"巴蜀历史的一部活字典"的他一向主张"爱乡土就是具体地爱国",想来这些受邀写下的数量众多、流光溢彩的各类题字,于人是满足名人效应的追慕,于己则是借题字抒发一份难以割舍、充满自豪、饱蘸情意的桑梓之恋。

书生情怀,一支毛笔酬天下

因性情淡泊、甘于读写、远避世俗功利,流沙河在中国当代读书界、文化界深孚众望。他自拟的一副对联"偶有文章娱小我,独无兴趣见大人"正是他的内心写照。

流沙河一生重情义、爱良朋,尤其醉于摆龙门阵,谈锋甚健(据吴茂华讲,流沙河最喜欢"大声武气"地跟人讲历史典故、文字,有自说自话、图个痛快的文人脾性)。自一九八九年以后就"不参加会议,不担任任何职务"的他,与老友捧茶畅聊就更成了晚年书斋生活的一大乐趣。"余府"的聊天即兴任心而谈,"除了升官发财不谈,其余皆可谈"。一般在聊天活动的尾声,流沙河都不忍怠慢友人的愿望,要在著作上签名或在宣纸上写字。他写字不喜欢让别人看着,习惯到里屋书房关起门来写,一小幅题字要反复写几遍,最后挑出一幅满意的拿给友人,不满意的若干幅就被通通扔进了废纸篓。

除前面提到的匾额的题写外,几十年来,流沙河还应邀或主动为市内、川内、国内乃至海外的个人、单位或企业题写过古诗、对联、清语、书名、刊名、书斋名、书院名、学馆名、校训、饭馆名、茶店名、特产名……算起来，这些"助人善业"或"成人之美"的墨宝，数量成百上千，它们以清癯的眉目流传民间，虽无庙堂之尊，却自有草野光华。

流沙河也惯为自己的著作题写书名，比如《晚窗偷读》《流沙河近作》《诗经现场》《高级笑话》《庄子闲吹》《Y先生语录》《庄子现代版》《白鱼解字》《正体字回家》《字看我一生》等，这些手签书名不但亲切更具神韵，是对书的内容的直观彰显，其中《白鱼解字》《正体字回家》两书还是精印的手稿珍藏本，可令读者边读好文边赏好字，得享双重快乐。

在六十五岁时，流沙河光荣退休，"退休后亦写写，兼卖字"。为友朋题字是风雅之事、君子之交，他几乎全是无偿劳动；作为巴蜀书法名家，他手书的对联、条幅或斗方也会自卖或在市场上被经销商售卖，价格从数百元、数千元到数万元不等（他曾说"……卖字的钱是干净的，我看重这个"）。在二〇一六年四月二十五日李克强总理视察成都于宽窄巷子之见山书局购买了他著的《老成都·芙蓉秋梦》一书后，高价找他索字者日众，体弱多病的他只好封笔不写了。

写字解字是为留住中华文化的根

不少书法家如启功、欧阳中石，在晚年都喜欢解析一些很基础的汉字，对中华文化进行追根溯源，流沙河更是如此。在他的眼里，老祖宗传下来的繁体汉字具有"能屈能伸，互映互让，有

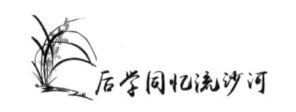

虚有实，可柔可刚"的无限美感，他时时被这种美感所陶醉、所吸摄。他所著的《流沙河认字》一书即是梳理基础汉字古今演变过程的普及读物，不但认出每个汉字的写法、意思，还要认出其创造过程、历史演变乃至承载的文化内涵。他这样表达自己解读汉字、倡导"简正并行"的缘由："这是基于一种忧虑，因为汉字是中国文化的根。这些年来，由于种种原因，我们的传统文化受到了冲击，现在不仅普通的年轻人对汉字的识读、书写能力在下降，就是专业出身的人使用起汉字来也经常出错，所以我这几年回归做些基础研究，可惜我的眼睛不如以前了。"

继《流沙河认字》之后，老人家又推出了一本《正体字回家》，对四百五十多个常用简化字的"失据"问题从音、形、义诸方面进行解析，阐述了繁体字的合理性及其深层文化意义，譬如他这样解读"零"被简化成"〇"："〇既非正字，亦非简字。符号而已，不是汉字。符号正圆，不知何处下笔何处收笔，亦无笔画可计。汉字行笔，绝无这样标准的弧线。不是汉字，不能滥入字典。应该请零字回家来。"

细究起来，初长于民国的流沙河读中学时就喜欢文字学，一九五七年以后劳动期间更是以研究古文字（包括甲骨文、钟鼎文）避世驱闷，无意中打开了一个奇妙的宝库。在退休后逍遥自在、完全为小我而活的二十几年里，流沙河更是朝夕沉耽于文字学，凭窗的一张大书案上堆放着他研读用的"宠姬"，譬如《说文解字段注》《说文解字集注》《甲骨文集释》《辞源》《辞海》及最新版大字本《新华字典》等，他把这些称手的工具书当成"命根子"，"夜夜倚案读之，千遍万遍也不倦"。他在晚年以"文字侦探"角色发起的"一个人的说文解字行动",用笨办法把一些有趣的字挑出来,从最早形态、隶变过程以及后来的引申义等角度细加说明并融入心得,从典籍中找到主证,从语词中找到旁证,从百科知识中找到印证,并敢于动摇不准确旧说,自创切实的新解,就是为了在"深潜下去,捞到快乐""重新找到汉字的灵魂"的同时呼吁广大读者一起来"认繁体字,知传统文化,做温柔敦厚中国人",这让我想起吴茂华在《文化的守正与批判》(《流沙河近作》编后记)一文中的精当点评:"文化人别无他能,看家本事乃手中一支笔,为文化正名而守持,不轻佻作他用,是其本色精神。读者诸君,自可鉴察。"

流沙河不但创作书法写繁体字,日常写的文章、信函、日记、便笺乃至外出讲座时的板书也都一律写繁体字,他一直固守在"中国传统文化的老宅旧居"。他深情地说:"感谢古老的汉字,收容无家的远行客。感谢奇妙的汉字,愉悦避世的梦中人。"爱书法,缘于爱繁体字;解读繁体字,反过来又促进了书法的积淀与生发——流沙河的书法与古文字研究就这样彼此激励,形成互补之势。

结　语

流沙河翩翩少时即与毛笔结缘,从此习字不断,约在六十五岁退休之际练成独绝的瘦硬风格,七十岁以后更臻炉火纯青,其意绪高旷雄健,其手泽养眼润心,可谓"人字俱瘦,人字亦俱老"。

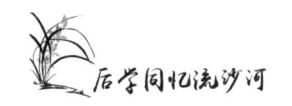

"千万别说我是书法家,我只是一个成都文人,不是书法家",流沙河始终习惯这么低调地定位自己。作为颇具典型性、颇富张力的文人书法,"河体"达到了笔随心动、字人合一、以拙胜巧、一派真率的美学境界,不但完成了"倜傥气"+"慈悲心"的精神抒写,更在中国当代书坛留下了一角边缘化、非主流却又戛戛独造的人文风景。流沙河出版过手稿本讲文字故事的书《字看我一生》,书中的主人公"我"是一个虚构的古人,叫"李三三"。其实,用"字看我一生"一句来观察和评定作者本人也甚合适。赤子其人,星斗其字,若看不懂其字,也便不能真正看懂其人。

二〇一七年六月五日至七日,明丽夏日,应内蒙古实践杂志社旗下《大众书法》杂志编辑孙甲稿约,潜心写毕于呼和浩特。

附识:

二〇一九年十一月二十三日,流沙河倏然病逝于成都,享年八十八岁。位于长寿路名士公馆的余宅,宁静书房之窗前案畔,再也等不回主人躬身劳作的身影了。"河体"亦从此成遗响,再无锦绣新裁在纸上挥洒流淌,已存世的法书将永远播美人间。二〇二一年十二月三十日(农历十一月二十七日)余生日之日再校于青城,十二月三十一日岁尾校补至跨年时分。二〇二二年一月二十五日(小年),又订正和补充信息数处。另,全文一律直称"流沙河",删去了一堆"先生"称谓,非不敬也,免行文累赘也,二〇二三年三月四日终校再记。

流沙河养生修身之法

我幸识流沙河久矣！断续散居漫走成都的二十多年来，常与龚明德一起到"余宅"喝茶谈天、聆其诲教。听博学的流沙河摆龙门阵，不知无意间增长了多少见识、获得了多少趣味。生于一九三一年的他，从年轻到年老，身子骨一直瘦弱单薄、时有生病，但仍能长期精神饱满地从事读写，新作不断出版，这与老人家一贯坚持和践行的养生修身之法有很大关系。

我从其著作文章中细寻线索，拜晤时又问询探底，读之听之，两相对照，多有信息采获与融汇，感触颇深，遂撰文小记试研。

一位资深"宅男"

进入晚年后，流沙河不再写诗，也绝少参加社会上的各种会议、活动，大部分时间都待在家里读写、待客，平时极少出门，属于资深"宅男"。偶尔出来，也只是去附近的大慈寺与老友喝茶、摆龙门阵，或到成都图书馆为市民讲《诗经》。

流沙河一辈子没搞过体育锻炼，也从来没发过福，行走时步

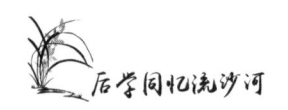

履矫健，始终属于"瘦肉型"。他常说："我是四十岁的腿，八十岁的面容，五十岁的心态"，"我占便宜是因为负担轻，体重才两位数，九十九斤"。

流沙河居所书案一瞥

饮食崇尚极简之风

流沙河日常生活颇为简朴，对饮食并不怎样讲究，没什么特殊保养方法，始终保持着从故乡四川省金堂县城厢镇（现已划归成都市青白江区）带出来的一脉"土风"。

流沙河饮食原则总结起来约有两点：第一是"吃少"，第二是"吃营养"。他酒不沾唇，菜以简素为主，"下箸处多是蔬菜、豆瓣之类"；主食一般是稀饭、面条、软饼、玉米糊。每天早晨七点多，他会起床亲自下厨做早餐，经典早餐样式是自创的"流氏玉米糊"：先将玉米粉熬制到黏稠，再在里面加入苹果碎块一起煮，起锅后再酌加一小勺芝麻酱和蜂蜜。这道再平常不过又颇富营养成分的早餐，他坚持吃了二十多年。

据流沙河夫人吴茂华告诉我：流沙河厌恶宴请，最喜欢在家吃饭；饮食口味更是近于"偏执"和"固化"，偶吃肥肉也仅限于蒸肉、腊肉、甜烧白、咸烧白几种，其他鸡、鸭、鱼之类的肉食"看都不看"。

最爱莫过芝麻酱

流沙河最爱吃的佐餐佳品便是芝麻酱，近乎每餐必备，常拌于稀饭、面条或菜肴内同食。他特地对芝麻做了考证："过去有些道士，修到一定火候，不吃别的，专服胡麻，延年益寿。所谓胡麻者，即芝麻也，又称脂麻、油麻。"

在《胡麻饭考》一文中，他也讲到了自己的嗜好："旧时老妪信佛吃素，以脂麻酱佐餐。我虽不吃素，也嗜脂麻酱，月可四斤，自己觉得利于保健"，"我吃玉米糊放脂麻酱加蜂蜜做早餐，既有别于胡麻饭，亦稍异于胡麻饵，改善气色有效，余则非我所知"。

据吴茂华在《饮食与书法》一文记述，因她每月都要去市场买一大铝缸芝麻酱，引得店家讶异："你家是开面馆的吗，用得着这么多？"

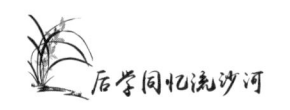

身体虽时病而犹健

　　流沙河曾以右派之身从事体力劳动多年，身体时出故障。在《释粥》一文中，他深情回忆说："……我平生与粥有缘，见了粥字，心生欢喜。二十世纪六十年代三年大饥，吃了许多菜粥，赖以活命。八十年代日子好了，又罹十二指肠溃疡，食粥三载而愈。至今每晨仍食大米以外的粥类，捧啜之际，感恩知德。善哉粥也。"

　　二〇一二年年初，流沙河忽然遭遇了一场大病，医生怀疑他的胃里有肿块，他也以为跨不过这道坎儿了，而最后诊断结果是胃穿孔，系胃的底部出了一个花生米大小的洞，随后又演变成腹膜炎，医生连夜为他实施了抢救手术，治疗二十多天才出院。有惊无险后，他的胃病已痊愈如初。

　　二〇一四年春节前，我去"余宅"探望流沙河，畅聊后还一起到附近的川菜馆子吃了饭。他的嗓子已病了数月，因受成都冬季雾霾影响，说话声音很喑哑；腰部也因走路不慎闪了一下，正贴膏药。但老人家整个精神状态依然良好，每天忙碌不停。

流沙河晚年家中看书、闲坐的小藤椅

秉持"非主流"民间心态

流沙河最大的养生修身之法，当是远离潮流、保持直率性格与"非主流"的民间心态，读书、写作和挥毫泼墨是他生活中最重要的三大元素。在他家的客厅壁上，悬挂着他自书的两个瘦朗端丽的正体字"知还"，意境约取自陶渊明《归去来兮辞》中的"云无心以出岫，鸟倦飞而知还"。进入晚年，他主要投身于古典文献（如《庄子》《诗经》《易经》《古诗十九首》）解读、古文字研究及"书鱼知小"型短文创作。年过八旬后，他仍朝夕伏案，不断有新著奉献，真正属于"活到老学到老并工作到老"的人。

与普通人遭遇的人生困境不同，流沙河曾被时代狂潮打入社

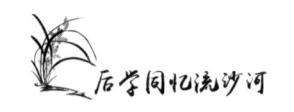

会底层，在劳改中蹉跎二十年，他对人生真相的体悟恐比未亲历过惨淡厄运的人要深刻得多。他在磨难中靠一部《庄子》做精神支撑苦挨过来，劫后重生仍能开朗乐观，习惯以"Y先生"式的调侃口吻谈世相百态，常妙议迭出。浮过了生命海之后，他在做事、为学、持身、养生诸方面都颇多觉知，讲出过"锦里驱客何处去，绣川问我几时归""懒照华发忧日月，闲翻白眼看鸡虫""革新你饮拉罐水，守旧我喝盖碗茶""文债难还愁添病，饭钱易挣饱即欢"等睿语，虽然这些话的意思大部分都在中国古代典籍中见过，正应了"真理都是老生常谈"的老话，但这些"人生之盐"都是流沙河从"生命海"中重新淘舀晾晒一遍出来的，并加进了自己独特的体悟。在实际生活中，他也是坚持这么做的，可谓"知行合一"。

归纳流沙河一生的修身感悟，不过就是他在著述中反复提及的几点：第一是人生无常须坦然，"回望流年，没有什么规律，没有什么必然，或富或贫或贵或贱，或左或右或高或低，无非环境造就，皆是时势促成"；第二是需求越少越幸福，"人须成熟以后，方悟幸福原指心情舒适，不一定要外求"，"人活在世界上，能做到一无所求，就是真正的自由，就是真正的逍遥"；第三是顺其自然少找事，"庄子说的要'无为'，意思不是不做事，而是说我们不要没事找事，不要自己制造麻烦"。

心牵川西土地桑麻

流沙河自幼熟悉川西平原美丽生动的方物，青年时期还曾短暂就读于四川大学农业化学系，他一直心牵土地桑麻，对农事及百姓小吃格外关注。

他对家乡四季的寻常土菜可谓偏爱有加，达到了"安妥乡愁"的层级，曾在《Y先生语录》一书第二十五页第五十条这样吟唱乡愁歌："春天的苕菜哟，还有香椿芽拌嫩胡豆哟。夏天的凉粉哟，还有酸豇豆炒碎牛肉哟。秋天的泡海椒哟，还有干煸狗爪豆哟。冬天的泡青菜哟，还有豆豉熬腊肉哟。哦，蜀国，我的故土哟！"并且说："唱着唱着眼眶就湿了。"

他的晚年所写也颇多此类"考吃"文章，譬如他对胡麻、盐豉、豌豆尖、鱼腥草、大白菜、花椒、薇菜、盖浇饭、糙米饭、小麦粥、大麦粥、馒头、蒸饼、面饺、米花糖、生菜、马苜蓿、荔枝、芜菁、萝卜、魔芋、葵等食品都曾进行过精详考证，并往往独有发现。这类富于"豆棚瓜架雨如丝"格调的晶莹小文，尤以《书鱼知小》一帙最为典型和迷人，抒发了他对知识的纯然热爱，更表达了他"清淡自甘"的人生审美。

二〇一四年三月十二日，写于青城之春。为行文简练计，文中一律直称"流沙河"，删去"先生"。二〇二三年三月六日终校缀记。

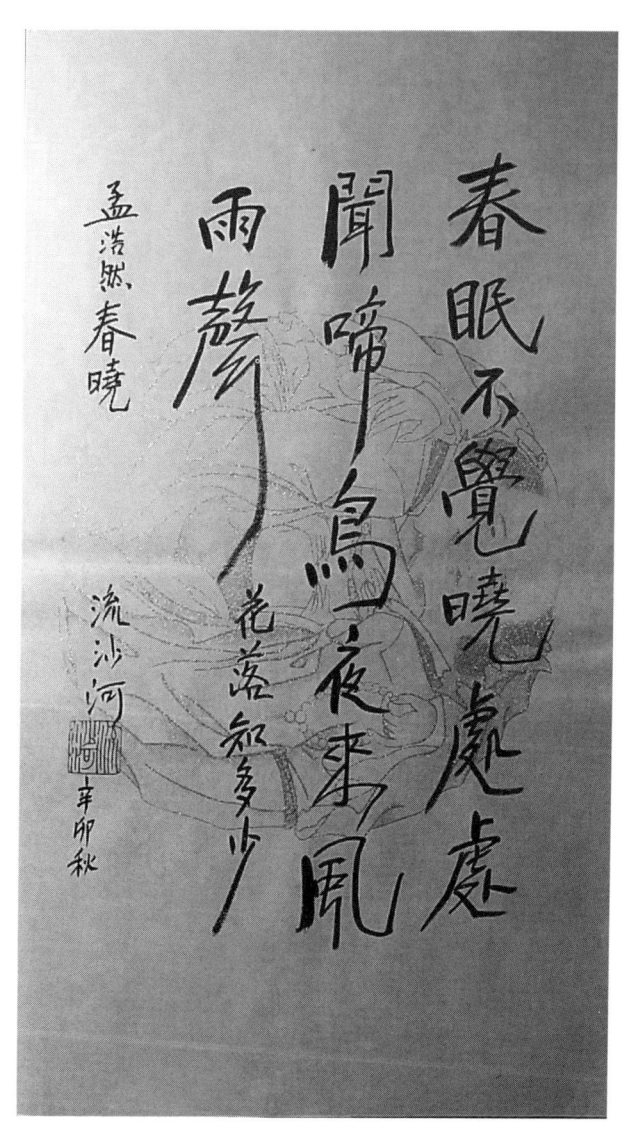

流沙河书法—春晓

后记

行进中的流沙河先生
(原载《南方人物周刊》,2018年1月3日,王学成摄)

后 记

　　流沙河先生是我国西南四川成都一位地标式的文化人物，他经历了动荡的年代以及天翻地覆式的转折，有着近乎传奇的经历，但更多的时候，他只是一位沉寂好读的学者、编辑、诗人。他对朋友、读者、听众，会呈现出童真般的会心笑意，往往沉浸在他自己讲述的古今故事、文化诗境中。如果要为先生绘一幅图像，背景最好就是成都红星路、布后街以及东大街、大慈寺，他数十年尤其后半生的生活半径基本上就定格在那儿。曾经有一位记者抓拍到他从家中出去上班的工作照，刊登于著名的杂志封面，令人不由想到1817年巴林·康沃尔对查理·兰姆的描写：

　　那些习惯于晚上经过科芬园，并继续走上几码远进入拉塞尔大街的人总是能注意到一个身着黑衣、高而瘦的不起眼的人。他每天早晨出门，下午回来，准确得就像时钟的针走向特定的钟点一样。你可不能误解他。他的习惯有些呆板，装扮得几乎总是牧师似的。他长着一张充满忧郁的长脸，上面镶嵌着一双漂亮而又敏锐的眼睛；他迈着小步，坚定地向城中走去；他的目光从不在任何人脸上多作停留，然而却将他经过的一切尽收眼底。没有一个研究人的面部特征的人能够不回想起他的面貌就将他忽略。他的脸充满了敏感的表情，就像一束新的思想在你面前倏忽而过，过后你却要情不自禁地不断想起它：它能提升你的思想境界，给你有益的

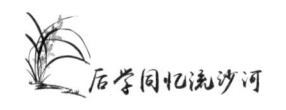

帮助。①

至今在成都市图书馆金沙讲坛、四川大学中文系诗歌方向研究生答辩会以及大慈寺茶馆沙龙等场所，友人、读者、后学、听众似乎还能抬头撞见那位熟悉的沙河老师，他对诗歌、文字学以及巴蜀地域文化有着永不衰竭的热情和涌泉般的灵感。而只有在老人，至少是有些岁数的人的脑海里，才能浮现出那个轻盈、纤瘦、书卷气十足的青年流沙河以及看似不能胜任的重体力活从事者"流木匠"。我的朋友邓教授据说就曾经见过那个时候的流沙河。

老人们逐渐稀少了，像我们这几个认识并受益于先生的作者，年长者已至古稀，最年轻的一位也早过了半百。而流沙河先生，天上人间，已离开我们广大读者整整五年多时间。生前好友、门生为先贤、先生树碑立传是我国优秀的传统文化习俗。著名的汉代《张迁碑》有云：

于穆我君，既敦既纯，雪白之性，孝友之仁。纪行求本，兰生有芬，克岐有兆，绥御有勋。利器不觌，鱼不出渊。国之良干，垂爱在民。蔽沛棠树，温温恭人，乾道不缪，唯淑是亲。既多受祉，永享南山。

这些看似古老而冬烘的行文，在不同时代相似场景，往往闪

---

① 兰姆：《兰姆书信精粹》，谭少茹译，江苏教育出版社，2006年版，序言第9页。

后记

射出古今相映、焕然一新的光芒，十分熨帖地照入人的柔软的心田。

在大时代尤其动荡折腾的岁月里，人不可能没有一点话柄，不可能不留下半点争议。流沙河先生从某种意义上讲也是一位存有争议的人物。但在受益有恩的后学们眼里，至如孔子，也有陈蔡之厄、"大夫壅之"、楚狂讥之，太史公书后序对人物完阙有至为精辟的议论，广为人知，颇为可取。子曰："我欲载之空言，不如见之于行事之深切著明也。"太史公笔端凡出良知义中肯，坚持自我感受，并重于实证材料，所谓："不既信，不倍言，义者有取焉。"本书作者三人皆受教于流沙河先生，长达三四十年，故曰"就教"，曰"初读"，曰"清影"，都是发自心底的实录与回忆。叹凤多于回忆，明德重在考订，阿泉则记述塞北大漠行旅，都期还原真实的先生，告慰在天之灵，亦向读者捧献片羽馨香。知我罪我，唯其先生读者。

本书的出版，完全得力于四川大学杰出校友、现居深圳的魏晓林先生全力资助。魏兄在得知本项目后，热情鼓励，慷慨捐资，乐观其成。其实他与流沙河先生生前并无过从交际，仅有一回由叹凤陪往《当代文坛》编辑部会晤友好编辑途经流沙河办公室，适逢先生出来洗茶换盏，经我略作介绍，双方有过颔首致礼而已。时隔四十年，鸿飞东西，晓林先生心里仍然有家乡，有诗歌，有文学，有旧谊。我尤记得八十年代初那些春风骀荡的日子，我们常约一同骑车游冶锦江两岸，在滨江南路边上有一家地下咖啡馆，我们是里边的常客，晓林兄那时已是我们中间的富翁宛如"孟尝君"（他是带薪学员），乐善好施。他酷爱创造社郁达

夫作品，能够成段背诵，并常有忧国忧民之情，感动热议时往往不掩率真流下热泪。晓林兄好文学，好健身，好良友，好公益。早于南国成名，业已开创自己的文化版图。今襄助流沙河先生后学著录，乡情、友情、文情见载。作为本书著者之一，感慨感谢，略述渊源。

最后，改抄《张迁碑》末段，纪念这一部师友杂记回忆录出版：

惟中华二〇二三年，岁在清明节，阳春三月，纪日上旬，阳气厥析，感思旧君，故友后学叹凤等，佥然同声，刊书立表，以示后昆。共享天祚，祖国万兴。

二〇二三年清明节叹凤张放著于四川大学竹林村

流沙河先生接受采访